Finian

Blue

Summers

Weitere Bücher der Autorin:

Zum Anbeißen süß

Zum Vernaschen zu schade

Cookies, Kekse, Katastrophen

Himbeeren im Tee

Erdbeeren im Schnee

Lebkuchen zum Frühstück

Zimt, Zoff und Zuckerstangen

Emma C. Moore

Finian Blue Summers

Roman

1. Auflage

Deutsche Erstausgabe August 2016

Umschlaggestaltung: Carolin Liepins

Lektorat: Isabell Schmitt-Egner

Korrektorat: Jil Aimée Bayer

Impressum:

IWD, Hasselbachplatz 3, 39104 Magdeburg

marah.woolf@googlemail.com

Facebook: Marah Woolf

www.marahwoolf.com

Instagram: marah_woolf

Pinterest: Marah Woolf

Wenn alle Menschen nur dann redeten, wenn sie etwas zu sagen haben, würden sie bald den Gebrauch der Sprache verlieren.

Shakespeare

Rayne

Manche Dinge sind einfach unmöglich. Niemand wird es schaffen, mich vom Gegenteil zu überzeugen. Er schon gar nicht. Da kann er mich mit seinem Grübchenlächeln und seinen unergründlichen Augen so lange anfunkeln, wie er möchte. Es gibt Wünsche, die nie, nie, niemals in Erfüllung gehen. Es ist lächerlich, mich etwas anderes glauben machen zu wollen. Es ist lächerlich, dumm und unglaublich verführerisch. Ich beginne in Gedanken aufzuzählen, was ich nie tun werde: Für mich ist es unmöglich, jemals zum Mond zu fliegen. Ich werde niemals bis auf den Grund des Meeres tauchen und ich werde meinen Vater nie dazu bringen, mir zuzuhören und Rücksicht auf meine Wünsche zu nehmen. Rücksicht auf *mich* zu nehmen.

Ich träume davon, etwas Verrücktes zu tun, ein Leben nach meinen eigenen Vorstellungen zu führen. Aber das ist ebenfalls unmöglich. Meine Gedanken sind wie in einem Hamsterrad gefangen.

Es klopft und die Tür meines Zimmers geht auf. Ich seufze leise. Warum lassen sie mich nicht in Ruhe? Ein verstrubbelter Haarschopf wird hereingesteckt, meine Gedanken purzeln aus dem Rad heraus und fokussieren sich auf ihn. Wortlos stellt er mir eine Tasse Tee auf meinen Nachtschrank. Ich muss mir mit aller Kraft

ein Lächeln verkneifen, stattdessen runzele ich die Stirn. Allerdings hindert ihn das nicht daran, mich anzustrahlen.
Er macht das mit Absicht. Es ist wie ein Spiel. Ein Spiel, das ich immer verliere, denn meine verräterischen Mundwinkel machen sich selbstständig und ziehen sich nach oben. Sein Lächeln macht etwas Komisches mit meinem Gehirn. Es fühlt sich an, als würde es seine Tätigkeit einstellen. Finian weiß das ganz genau. Das nächste Mal muss ich mir noch trübere Gedanken machen. Ich verschränke die Arme vor der Brust und widerstehe der Versuchung, mich unter der Bettdecke zu verkriechen. Stattdessen genieße ich die Aussicht. Ich kann eine Abwechslung in diesem eintönigen Alltag gut gebrauchen und er eignet sich perfekt dazu, denn er ist eine Augenweide. Natürlich nur, wenn man auf das offensichtlich Schöne steht. Tue ich eigentlich nicht. Aber ich befinde mich in einer Zwangslage, da darf man Einstellungen schon mal über Bord werfen. Außerdem muss selbst ich zugeben, dass er in den weißen Klamotten und mit dem widerspenstigen dunkelblonden Haar, das ihm ständig ins Gesicht fällt, sehr gut aussieht. Er ist groß, muskulös und - na ja – sexy. Und er hat schöne Hände, das ist mir gleich am ersten Tag aufgefallen. Ich stehe auf schöne Hände mit langen schlanken Fingern. Ich mochte sie schon immer. Wenn ich einen Menschen kennenlerne, schaue ich zuerst auf seine Hände, dann bilde ich mir ein Urteil. Wahrscheinlich ist das oberflächlich, aber ich kann nicht anders.

Dr. Luther, der Leiter dieser Einrichtung, hat kurze knubbelige Finger und abgeknabberte Fingernägel. Ich mag ihn nicht.

Als Finian zum ersten Mal in mein Zimmer kam, dachte ich, ich purzele aus dem Bett.
Dabei wollte er nur ganz harmlos mein Kissen aufschütteln. Ich war wie paralysiert, als er sich über mich beugte. Mein Mund war plötzlich wie ausgetrocknet und ich brauchte einen Liter Wasser, um mich wieder normal zu fühlen.

Ich wollte etwas sagen, aber das konnte ich natürlich nicht. Denn schließlich rede ich mit niemandem. Ich schweige vor mich hin. Darum bin ich hier. Er lächelte sein Grübchenlächeln und es war um mich geschehen. Mit ihm nicht zu reden, fiel mir am schwersten, denn er hat eine schöne Stimme. Sie klingt immer ein bisschen rau, ein bisschen atemlos. Ich bin neidisch auf die Schwestern, mit denen er sich unterhält. Sie hängen an seinen Lippen, als wäre er ein Apostel und verkündete das Evangelium. Sie werfen ihre Haare über den Rücken und lecken sich die Lippen, wenn er ihnen ihre Aufmerksamkeit schenkt. Ich hasse sie. Ich glaube, ich habe mich vor lauter Langeweile in etwas reingesteigert, dabei ist er nur auf den ersten Blick so makellos. Auf den zweiten sitzt seine rechte Augenbraue ein wenig zu hoch, ist seine Oberlippe zu schmal, sind seine Ohren zu klein. Ja, ich hatte ausgiebig Zeit, ihn zu betrachten. Dummerweise machen diese Makel ihn nur attraktiver. Seine Augen, die irgendwas zwischen Grün und Blau sind, funkeln spöttisch, wenn er in mein Zimmer kommt. Sein Lächeln wird breiter und ich weiß genau, was er denkt. *Ich werde gewinnen. Irgendwann sprichst du mit mir.*

Darauf kann er lange warten. Ich rede weder mit ihm noch mit jemand anderem. Komischerweise versteht er mich auch ohne Worte. Er öffnet das Fenster, wenn mir zu warm ist.
Er schmuggelt mir verbotenen Tee ins Zimmer, wenn ich traurig bin, und gestern hat er mir ein Buch mitgebracht, das ich vor meinem Vater verstecken muss. Ich glaube, er will mein Freund sein. Das fühlt sich komisch an, ich hatte noch nie Freunde und bisher habe ich gar nicht gewusst, dass ich es vermisse. Man kann nichts vermissen, was man nicht kennt.

Im Gegensatz zu ihm versuchen die Schwestern ständig mich zum Reden zu bringen. Für sie ist es zu einem Sport geworden, die eine Frage zu finden, die mich dazu bringen soll, ihnen zu antworten. Entweder das, oder mein Vater hat derjenigen eine Belohnung versprochen, die mir das erste Wort entlockt. Wenn ich es mir recht überlege, ist die zweite Möglichkeit wahrscheinlicher. Aber das Plappern der Schwestern geht in mein eines Ohr hinein und zum anderen wieder hinaus.

Finian hat begriffen, dass ich nicht antworte, also versucht er es gar nicht erst. Das ist ziemlich nett, denn ich wette, die Anweisungen, die er bekommen hat, verlangen genau das Gegenteil. Ich würde ihn gern fragen, was er hier macht, denn offensichtlich ist er kein Pfleger und für einen Arzt ist er zu jung. Er lächelt mich nur an, wenn er ins Zimmer kommt, macht seinen Job und geht wieder. Seit zwei ganzen langen Wochen. Aber er lächelt auch die Schwestern an und die Ärzte und bestimmt auch die anderen Patienten. Er ist einfach so. Dabei wünschte ich, dieses Lächeln wäre nur für mich reserviert.

Es ist peinlich, aber als Resultat seiner Aufmerksamkeiten binde ich meinen Zopf nicht mehr ganz so streng nach hinten und trage morgens Lipgloss auf.

Offensichtlich bin ich verzweifelter, als ich es mir bisher eingestanden habe.

Ich glaube, er ist maximal zwei oder drei Jahre älter als ich. Bestimmt hat er es nicht nötig, von einem neunzehnjährigen Mädchen angehimmelt zu werden und schon gar nicht von einem, von dem er denken muss, sie wäre nicht ganz richtig im Kopf. Deshalb bin ich schließlich hier in diesem Bett, in dieser Klinik. Leider kann ich ihm nicht sagen, dass mit mir alles in Ordnung ist und vermutlich behaupten das sowieso sämtliche Patienten. Er strahlt ein Selbstbewusstsein aus, um das ich ihn beneide. Er wäre nie in diese Situation gekommen, in die ich mich selbst hineinmanövriert habe. Undenkbar, er hätte irgendwas in seinem Leben nicht im Griff. Er weiß genau, was er will und bestimmt schafft es kein Mensch, ihn von seinem Weg abzubringen. Ich bin mehr der Typ schwankendes Rohr. Ein Rohr, das es allen recht machen und niemanden verletzen will. Bis vor Kurzem war das jedenfalls so.

Als Finian das erste Mal auftauchte, war ich sicher, mein Vater hätte ihn engagiert, denn es würde ihm ähnlichsehen. Er möchte seinen makellosen Ruf nicht aufs Spiel setzen. Die Presse lobt ihn, was für ein toller Vater er sei. Wie sehr er mich beschützt und um mich besorgt ist, wo ich doch ein Wunderkind bin. Ist ja wirklich eine super Leistung, dass er es geschafft hat, mich bis jetzt von Drogen und Leuten fernzuhalten, die einen schlechten Einfluss auf mich haben könnten. Die Presse weiß nicht, wie winzig meine Welt bisher war. Sie wissen nicht, aus wie wenigen Menschen mein Leben besteht.

Sie wissen nicht, dass ich keine Ahnung von der echten Welt habe. Wenn sie es wüssten, würden sie ihn in der Luft zerreißen. Vielleicht. Aber das ist nicht das, was ich will. Das Schlimme ist, ich weiß selbst nicht, was ich will.

Aber wenn mein Vater Finian dafür bezahlen würde, mich zum Sprechen zu bringen, dann würde er doch reden, oder? Sein Schweigen verwirrt mich und beschäftigt mich mehr, als es sollte. Er ist der Erste, dem ich gern erzählen würde, warum ich nicht mehr spreche. Nämlich nicht, weil ich verrückt geworden bin, sondern weil ich die Entscheidung dazu getroffen habe. Die einzige freie Entscheidung, die ich treffen konnte. Mein Vater kann über mein Leben bestimmen, aber nicht über meine Gedanken.

Aus diesem Grund musste ich mich in mich zurückziehen. Dumm nur, dass diese Entscheidung mich an diesen Ort gebracht hat. Aber ich breche mein Schweigen nicht, auch wenn die letzten Wochen ereignislos an mir vorübergezogen sind und ich mich nach wie vor jede Nacht in den Schlaf weine, weil sich nichts geändert hat. Ich war kurz davor, aufzugeben, doch dann ist Finian aufgetaucht. Er hat mich angelächelt und mein Herz zum Schlagen gebracht. Ohne dass er es weiß, hat er mir die Kraft verliehen, weiterzumachen. Er sieht nicht aus, als hätte er jemals in seinem Leben aufgegeben. Er sieht nicht aus, als tanze er nach der Pfeife eines anderen. Er kämpft seine Kämpfe allein. Andererseits – was soll ein Junge wie er schon für Kämpfe auszutragen haben? Mit diesem Aussehen liegt ihm mit Sicherheit die Welt zu Füßen. Mich eingeschlossen, gebe ich zu.

Ich führe einen aussichtslosen Kampf. Aber lieber ein aussichtsloser Kampf als gar keiner. Wenn ich das hier nicht gewinne, dann werde ich mich nie von meinen Eltern lösen können. Ich vergrabe mein Gesicht in meinem Kopfkissen. Ich bin so armselig. Er würde mich auslachen, wenn er wüsste, mit welch kindischer Begründung ich schweige. Die offizielle Version ist, dass ich ausgebrannt bin. Ich habe zu viel gearbeitet, hatte zu viele Tourneen. Jetzt soll ich mich ausruhen. Aber ich brauche keine Ruhe. Ich brauche das Leben.

Er hat sich mir nie vorgestellt, ich habe seinen Namen aufgeschnappt, als zwei junge Schwestern sich über ihn unterhalten haben. Finian Blue Summers – ein seltsamer Name, der so gut zu ihm passt wie kein anderer. Manchmal frage ich mich, ob die Leute denken, ich wäre taub, nur weil ich nicht rede. Die beiden Frauen haben so anzügliche Bemerkungen über seinen Hintern und seine Bauchmuskeln gemacht, dass ich knallrot angelaufen bin. Jedenfalls hat es sich so angefühlt. Jetzt habe ich ständig diese Bilder im Kopf, wenn er reinkommt. Wenn er die Vorhänge aufzieht, muss er sich ein bisschen strecken, weil die Ringe sich immer verhaken. Zwischen der weißen Hose und dem weißen T-Shirt, die er meistens trägt, entblößt sich ein schmaler Streifen seines braun gebrannten Rückens. Ich wette, seine Haut wäre ganz warm, wenn ich ihn dort berühren würde. Ich ziehe scharf die Luft ein, erschrocken über diesen Gedanken. Vielleicht bin ich doch krank. Etwas stimmt mit mir nicht.
Ich kann doch so etwas unmöglich denken.

Ich nippe an dem Tee, den er mir mitgebracht hat und ich schmecke die Regel, die er für mich gebrochen hat. Eigentlich darf ich nur supergesunden grünen Tee trinken. Aber irgendwie hat er es geschafft, mir Chai Latte in die Tasse zu schmuggeln. Ich schließe die Augen und trinke noch einen Schluck. Warm und süß rinnt das Gebräu durch meinen Körper. Es ist wie aufzuwachen, mit einem Sonnenstrahl direkt auf der Nasenspitze. So war es früher, als ich klein war und bei meiner Granny im Bett schlafen durfte. Ich konnte kaum über diese riesigen Daunendecken - mit der geblümten Bettwäsche - schauen, die immer nach ihrer Lavendelseife dufteten. Als ich die Augen wieder öffne, lächelt Finian mich zufrieden an. Bei dem Zuckergehalt würde meine Mutter in Ohnmacht fallen und mein Vater mir den Magen auspumpen lassen. Ihre Angst, dass ich eine tödliche Krankheit bekomme, weil ich etwas Verseuchtes esse oder trinke, ist fast so groß wie die, dass ich mir eine Hand breche und nie wieder Geige spielen kann. Deshalb haben sie meine Hände versichert. Sie sind vier Millionen wert, nur für alle Fälle.

Finian gibt den Blumen, die auf dem Fensterbrett stehen, frisches Wasser. Sie tun mir leid, weil sie in einer Vase eingesperrt sind und in zwei Tagen verblüht sein werden. Aber ich kann ihn nicht bitten, sie mit rauszunehmen. Er sieht mich ein letztes Mal an, vergräbt die Hände in den Taschen seiner Hose und verlässt den Raum.

Ein langer und ereignisloser Tag liegt vor mir, die ganze Zeit werde ich hoffen, dass er noch mal nach mir schaut. Vielleicht bringt er mir heute die Tabletten, die ich zur Entspannung schlucken soll, und nicht Dr. Luther oder eine der Schwestern. Tatsächlich bin ich einerseits so entspannt wie noch nie in meinem Leben und andererseits furchtbar kribbelig. Warum kann ich nicht mal rausgehen und joggen, mich mal wieder richtig auspowern?

Ich müsste um Erlaubnis fragen und das kann ich nicht. Mir wird keine Bitte erfüllt, wenn ich sie nicht laut ausspreche. Das war eine der Forderungen meines Dads. Und was er fordert, wird gemacht. Etwas Anderes war auch für mich undenkbar. Bis fast auf den Tag genau vor zwei Monaten. Granny lag im Sterben und ich wollte sie ein letztes Mal sehen. Die Nachricht kam so plötzlich und unverhofft, dass ich nicht klar denken konnte. Sie war nie krank gewesen und viel zu jung zum Sterben. Ich habe geschrien und getobt, aber meine Eltern bestanden darauf, dass ich meinen Konzertverpflichtungen nachkam. Als ob es nichts Wichtigeres gäbe. Ich habe längst aufgehört, zu zählen, wie viele Konzerte ich bereits gegeben habe. Sie hätten mir nur dieses eine Mal entgegenkommen müssen. Aber das war zu viel verlangt. Granny starb, ohne dass ich sie noch einmal gesehen hatte. Ich kann ihnen das nicht durchgehen lassen. Ich kann es ihnen nicht verzeihen.

Sehnsüchtig schaue ich zum Fenster. Die Bäume im Park wiegen sanft ihre Kronen. Finian hat das Fenster aufgelassen und ich kann den Sommer riechen. Etwas ist anders als sonst. Ich schaue genauer hin, schließe die Augen und gucke noch mal. Ein gelber Post-it klebt an der Fensterscheibe. Er flattert ein bisschen in der Luft, die hereinweht. Er muss ihn dorthin geklebt haben. Eine andere Erklärung gibt es nicht. Das ist also seine Masche? Glaubt er wirklich, mich mit einem Post-it herumzukriegen?

Eigentlich keine schlechte Idee. Schreiben ist schließlich nicht sprechen.

Zuerst ignoriere ich den Zettel, obwohl ich sehe, dass etwas draufsteht. Ich drehe ihm den Rücken zu und versuche zu schlafen. Aber ich habe in den letzten Wochen so viel geschlafen, dass es wohl für die nächsten Jahre reicht. Normalerweise brauche ich nicht viel Schlaf. Mir ist langweilig. Diese merkwürdigen Mal- und Töpferkurse, zu denen die Schwestern mich bringen, sind völlig sinnfrei. Ich kann mit meinen Fingern nichts erschaffen. Jedenfalls nichts, was einigermaßen vorzeigbar ist. Das Einzige, was ich kann, ist Geige spielen. Damit berühre ich die Menschen, nicht mit schrägen Tonschüsseln. Im Geigenspiel bin ich gut – eine der Besten. Aber auch das verwehre ich mir. Es gehört zu meinem Kampf; und so sehr es mich zu dem Geigenkasten zieht, der in der Ecke des Zimmers steht – ich widerstehe der Versuchung. Dabei vermisse ich die Musik so sehr, dass es wehtut.

Irgendwann springe ich auf und wanke zum Fenster. Dort angekommen reiße ich den Zettel ab und gehe langsam zurück zum Bett. Ich fühle mich wie achtzig, als ich erschöpft auf der Matratze zusammensacke. Das mit dem Joggen kann ich vergessen. Erst als ich wieder eingekuschelt bin, lese ich, was draufsteht. *Hey.*

Hey? Geht's noch? Ich kann nicht glauben, dass mich dieses Wort zwei Stunden meiner Lebenszeit gekostet hat. So lange habe ich gegrübelt, ob ich den Zettel ignoriere oder nicht. Er hätte keinen Aufsatz schreiben müssen, aber ein *Wie geht es dir,* hätte es auch getan. Was soll man auf ein *Hey* oder *Hallo* antworten?

Wütend zerknülle ich den Zettel und werfe ihn neben mein Bett. Jetzt brauche ich noch einen Schluck Tee. Während ich den längst kalten Tee in kleinen Schlückchen trinke, überlege ich, was ich machen soll. Auf keinen Fall werde ich ihm antworten. Ein Ein-Wort-Satz bringt meine Entschlusskraft nicht ins Wanken. Nicht, dass ich auf eine längere Mitteilung geantwortet hätte, aber es hätte sich richtiger angefühlt. Ist das nicht sein Job, sich zu fragen, wie es mir geht? Was tut er eigentlich in dieser piekfeinen Klinik. Stopp. Es ist ja keine Klinik. Es ist ein Sanatorium für ausgebrannte Stars und Sternchen, wenn sie einen Sponsor haben, der sich den Aufenthalt hier leisten kann. Meine Eltern können das, ich habe schließlich in den letzten Jahren genug Geld verdient, um das Sanatorium kaufen zu können. Allerdings hätte ich mir nicht träumen lassen, dieses Geld mal für eine Klapse auszugeben, denn nichts Anderes ist das hier.

Ich seufze. Mir ist wirklich sehr langweilig. Aber so versuchen sie mich mürbe zu machen. Erst durfte ich noch fernsehen, aber damit war nach einer Woche Schluss. Das fand ich gar nicht so schlimm. Fernsehen ist etwas für Idioten ohne Fantasie.

Aber dann hat mein Vater mir meine Bücher weggenommen. Ihm reißt langsam der Geduldsfaden. Ein bisschen kann ich ihn sogar verstehen, in acht Wochen beginnt meine neue Tournee und ich spreche immer noch nicht mit ihnen. Ich spiele auch nicht mehr auf meiner Violine, obwohl mir das viel schwerer fällt, als nicht zu sprechen. Ich vermisse die Musik, die durch meinen Körper vibriert und mich mitnimmt in Welten, in die mir niemand folgen kann. Das mit den Büchern fand sogar meine Mutter etwas hart, aber sie hat nicht widersprochen oder Partei für mich ergriffen. Allerdings habe ich das auch nicht erwartet, diese Hoffnung habe ich begraben, als ich sieben Jahre alt wurde. Meine Eltern stehen auf der einen Seite und ich auf der anderen. Früher war es nur nicht ganz so deutlich. Ich bin froh, dass Finian mir heimlich Bücher mitbringt, frage mich aber, weshalb er das macht. Wahrscheinlich tue ich ihm leid und dafür hasse ich meine Eltern fast noch mehr. Ich will sein Mitleid nicht.

Ich bücke mich, hebe den Zettel auf und streiche ihn glatt. *Selber hey* schreibe ich zurück und lege ihn unter mein Kopfkissen. Niemand darf erfahren, dass ich zu kommunizieren beginne. Das ist mein Geheimnis. Und seins. Hoffentlich.

Finian

Ich konnte einfach nicht anders. Sie schrumpft von Tag zu Tag mehr in sich zusammen. Ein Wunder, dass sie dieses Schweigen bereits wochenlang durchhält. Ich musste etwas tun, obwohl eine Nachricht mit dem Wörtchen *Hey* vielleicht nicht die tollste Idee ist. Um ehrlich zu sein, ist es eine bescheuerte Idee. Sie stammt von meiner kleinen Schwester. Sie verlangt jeden Abend einen ausführlichen Bericht über meine Arbeit in der Klinik. Ich muss ihr jedes Detail von Rayne erzählen. Sie bewundert sie schon lange. Schon bevor ich überhaupt wusste, dass es ein Mädchen gibt, das so begnadet Geige spielen kann. Wer hört heute noch klassische Musik? Nur meine verrückte kleine Schwester.

Es ist unglaublich, was für ein Wille in Raynes schmalem Körper steckt. Ich bin bestimmt nicht sonderlich gesprächig, aber einfach mit dem Sprechen aufzuhören, traue ich nicht mal mir zu. Als ich heute bei ihr war, blitzte nur noch in ihren Augen Kampfgeist auf. Ihr Körper ist schon im Resignationsmodus, aber ich bin nicht sicher, ob sie das weiß. Sie dröhnen sie voll mit Beruhigungsmitteln. Wo bin ich nur hingeraten?

Dabei wollte ich nur ein Praktikum machen, bevor ich mit dem Medizinstudium beginne. Dieses Sanatorium hat einen wirklich guten Ruf und ich muss nicht so weit fahren. Wochenlang hatte ich nach meiner Bewerbung nichts gehört und dann kam plötzlich der Anruf. In dem Vorstellungsgespräch wurde hauptsächlich über Rayne gesprochen. Für den Klinikchef Dr. Luther ist sie offensichtlich die wichtigste Patientin.

Ich kann ihn nicht ausstehen. Es fällt mir schwer, zu glauben, dass er ausschließlich das Wohl seiner Patienten im Sinn hat. In seinen Augen glitzern ununterbrochen die Dollarzeichen, wenn er über seine gut betuchten Klienten spricht. Um das Wunderkind soll ich mich besonders bemühen. Das war eine ziemlich eindeutige Anweisung von ihm. Er hat mich dabei so merkwürdig angesehen, als taxierte er meinen Wert. Aber ich darf nicht wählerisch sein, ich brauche das Praktikum, obwohl ich lieber auf einer neurologischen Station gearbeitet hätte. Aber das habe ich mir nicht aussuchen können. Also gehe ich regelmäßig in ihr Zimmer. Sie sagt nichts und ich auch nicht. Weshalb sollte sie auch ausgerechnet mit mir reden? Hat sie keine beste Freundin oder so? Mädchen quatschen doch immer und ständig über alles. Meine Schwester hält ihren Mund eigentlich nie. Mädchen gibt es eigentlich nur im Zweierpack. Das weiß jeder. Aber niemand kommt sie besuchen. Nur ihre Eltern. Und die sind wirklich schräg. Meine Mutter kann sich nicht so um meine kleine Schwester Niamh und mich kümmern, wie sie es sollte, aber ich weiß, dass sie uns liebt. Das kann man von den beiden nicht behaupten. Eisberge müssen kochend heiß dagegen sein. Ich habe nicht einmal gesehen, dass sie Rayne in den Arm nehmen.

Rayne. Ich lasse den Namen über meine Zunge gleiten. Er ist mindestens genauso außergewöhnlich wie das Mädchen selbst. Er klingt nach warmem Sommerregen und passt zu ihr. Ob ihre Eltern schon bei ihrer Geburt wussten, dass sie einmal wunderschön werden würde? Ihre Haut schimmert selbst in dem scheußlichen Krankenhauslicht wie Elfenbein.

Mir fällt leider kein besserer Vergleich ein, obwohl dieser denkbar kitschig ist. Ihr hellbraunes Haar glänzt wie regennasse Herbstblätter und ihre Augen sind von einem so hellen Blau, dass sie einem Frühlingshimmel Konkurrenz machen könnten. Rayne Taylor ist in jedem Fall eines der hübschesten Mädchen, das ich kenne und das Faszinierende daran ist, dass sie es nicht mal weiß. Ich habe mir mit Niamh bei YouTube einige Videos von ihr angesehen. Sie bekommt Millionen Klicks für ihre Konzertmitschnitte. Normalerweise mag ich keine klassische Musik. Aber ihr Spiel ging mir an die Nieren. Es verzauberte mich. Ich will wissen, warum sie schweigt, das verrät mir nämlich niemand. Diese Burn-out-Geschichte ihres Vaters habe ich keine Sekunde geglaubt. Vermutlich sollte mich das nicht interessieren, aber Rayne fasziniert mich. Sie braucht einen Freund und warum sollte das nicht ich sein? Ich will mich nicht offen widersetzen. Ein Anruf von Dr. Luther in Boston genügt und ich kann mein

Studium und das Stipendium vergessen. Deshalb habe ich heute diesen Zettel geschrieben, auch wenn ich nicht sicher bin, ob sie antworten wird. Hätte ich etwas Klügeres schreiben sollen? Ein Zitat von Lord Byron oder Shakespeare? Wenn ich mich angestrengt hätte, dann wäre mir etwas eingefallen. Andererseits hatte sie bisher sicher ständig mit Typen zu tun, die versucht haben, sie zu beeindrucken. Sie ist unter dieser glamourösen Schicht eines Wunderkindes auch nur ein Mädchen. Sie wird mir antworten. Sie langweilt sich. Ihr die Bücher wegzunehmen, das war eine gute Idee. Jedenfalls aus der Perspektive ihrer Eltern. Ich fand es einfach grausam.

Deshalb bringe ich ihr heimlich welche mit. Viel mehr kann ich nicht für sie tun. Wenn sie nicht im Kopf Schach spielen kann, geht sie vor Frust bald an die Decke.

Rayne

Er ist wieder da. Er setzt sich auf die Bettkante und hält mir mit seinen schlanken langen Fingern die Tabletten hin. Sein Blick schwenkt zum Fenster und wieder zu mir zurück. Fragend sieht er mich an. Was denkt er? Warum hat er diesen Zettel geschrieben? Granny hat immer gesagt: *Das Denken ist zwar allen Menschen erlaubt, aber vielen bleibt es erspart.* Er ist kein Vertreter der Nichtdenker. Alles, was er tut, hat einen Grund. Er lächelt diesmal nicht, sondern schaut mich nur ernst an. Dann steht er auf und geht zum Fenster und lehnt sich dagegen. Er lässt mich keine Sekunde aus den Augen. Der Zettel pulsiert unter meinem Kissen, während ich jeder seiner Bewegungen folge. Schlanke, aber muskulöse Beine stolzieren durch das Zimmer. Seine Haare sind zerzaust, aber bestimmt nicht, weil er sie sich vor lauter Verzweiflung gerauft hatte. Er sieht aus wie eine Mischung aus Aragorn und Legolas. Männlich und weich zugleich. Ich wette, die Mädchen draußen liegen ihm zu Füßen. Bleibt die Frage, was er von mir erwartet. Aber ich hüte mich, ihn das zu fragen. Dann hätte er gewonnen. Ich werde ein Spiel daraus machen. Immerhin ist mir dann nicht mehr langweilig. Mal sehen, wer gewinnt. Ich bin eine miserable Verliererin. Glücklicherweise passiert mir das nicht oft. Ich

schiebe meine Hand unter das Kissen und ziehe den Zettel hervor. Stumm reiche ich ihm das kleine Stück Papier.
Ein verschmitztes Grinsen stiehlt sich auf seine Lippen. Er sieht aus, als hätte er den Krieg bereits gewonnen, dabei führen wir nur die erste Schlacht und er ist direkt in meinen Hinterhalt gerannt. Das Lächeln breitet sich auf seinem Gesicht immer weiter aus, und würde ich gerade stehen, gäben meine Knie jetzt nach. Okay, mir werden die Knie auch im Liegen weich. Ich bin gespannt, was er als Nächstes vorhat. Ob er anfängt zu quatschen? Zu meinem Erstaunen tut er es nicht, sondern geht. Was soll das denn jetzt? Warum nutzt er seine Chance nicht? Er kann mich nicht einfach so hier liegen lassen. Na gut, kann er schon. Ob er zu Dr. Luther rennt und ihm den Zettel unter die Nase hält? Ich kann es mir nicht vorstellen. Aber das Bild, das ich mir in den letzten Wochen von Finian gemacht habe, ist pure Fantasie. Ich weiß nichts über ihn. Nur, dass er so viel selbstbewusster wirkt als ich. Als hätte er sein Leben im Griff. Was stimmt eigentlich nicht mit mir? Warum traue ich mich nicht auszubrechen? Warum mache ich nicht, was mir gefällt, wozu ich Lust habe? Stattdessen hatte ich diese dumme Idee mit dem Schweigen. Ich habe das alles so satt. Sie hätten mich zu Granny ins Krankenhaus fahren lassen sollen. Wenn ich sofort geflogen wäre, hätte ich sie noch einmal gesehen. Aber das war nicht so wichtig. Wichtig ist für meine Eltern nur eines: Geld. Obwohl sie es sicherlich anders sehen. Sie haben ja sooo viel

geopfert, um mich dahin zu bringen, wo ich jetzt bin. Gerade können sie nicht sonderlich stolz auf ihre Leistung sein, schließlich liege ich im Bett auf einer psychiatrischen Station, dabei könnte ich auch spazieren gehen oder rennen. Aber das gehört zu ihrer Strafe. Sie wissen, wie sehr ich Untätigkeit hasse.

Finian

Selber hey. Ich grinse. Sie hat Kampfgeist. So schnell lässt sie sich von mir nicht um den Finger wickeln. Etwas anderes hätte mich auch regelrecht enttäuscht. Das Mädchen ist mir ein Rätsel. Sie hat alles, was man sich wünschen kann, und doch macht sie solche Mätzchen. Haben ihre Eltern ihr einen Wunsch abgeschlagen? Was hat sie wohl gewollt? Ein Pony mit sechs Beinen oder ein eigenes Königreich? Eigentlich sieht sie nicht aus wie eine verwöhnte Prinzessin, aber ein anderer Grund will mir nicht einfallen. Ich durfte ihre Akte lesen, darin stand nichts, was ich nicht aus dem Netz bereits wusste. Sie ist überdurchschnittlich intelligent und hat ihr Abitur bereits mit vierzehn Jahren mit absoluten Bestnoten gemacht. Selbstverständlich hat sie nie eine öffentliche Schule besucht. Sie spricht vier Sprachen fließend und spielt mehrere Instrumente. Geige allerdings exzellent und sie ist der Star der Konzertsäle. Kein Wunder – bei ihrem Aussehen und dem Können. Ihre Aufführungen sind weltweit ausverkauft. Es gibt keine Skandale oder Gerüchte um sie. Ihre Eltern halten sie von allem fern, was ihr schaden könnte. Zuerst hatte ich vermutet, sie solle hier heimlich einen Entzug machen.

Sind diese Wunderkids nicht ständig auf Drogen, weil sie dem Druck nicht standhalten? Aber bei Rayne ist von Drogen keine Spur.
Nach der Lektüre der Akte habe ich mich völlig unzulänglich gefühlt und mir blieb lediglich die Hoffnung, dass sie sozial nicht kompatibel ist. Leider war das ein Irrtum.
Sie ist immer freundlich, lächelt und bedankt sich bei den Schwestern jedes Mal mit einem Nicken für die kleinste Kleinigkeit. Sie trägt keine teuren Nachthemden, sondern kuschlige Pyjamas, die ihr schon fast zu klein sind. Sie hat keinerlei Starallüren und könnte ein Mädchen sein, mit dem jeder halbwegs vernünftige Junge gern um die Häuser ziehen würde. Sie ist ein Mädchen, das ich mir für Niamh als Freundin wünschen würde. Die beiden würden sich gut verstehen.

Ich werde nicht mit ihr reden. Noch nicht. Schweigen kann ich auch ziemlich gut. Im Grunde mache ich es sogar gern. Es gibt nur leider wenige Menschen, mit denen man in Ruhe schweigen kann. Wie ich sie einschätze, wird sie auch mit mir kein Wort wechseln, jedenfalls nicht mündlich. Ich werde mich erst mal zurückziehen und mir überlegen, wie es weitergehen soll. Wenn ich ehrlich bin, hätte ich nicht gleich auf den ersten Zettel eine Antwort erwartet, sie ist verzweifelter, als es scheint.

Draußen ist es bereits dunkel, als ich beschließe, noch mal zu ihr

zu gehen. Bestimmt schläft sie längst. Meine Handflächen sind feucht, als ich nach der Klinke greife. Ich wische sie an meiner Hose ab.
Als ich mich auf dem kleinen Sessel neben ihrem Bett niederlasse, mustert sie mich neugierig mit ihren hellen Augen.

Sie sitzt im Bett, die Finger klopfen nervös auf ihrer Bettdecke herum, als spiele sie eine Melodie, und sie schläft definitiv nicht. Sie heckt etwas aus. Ich wünschte, sie würde mir erzählen, was sie auf dem Herzen hat.
Mit Dr. Luther spricht sie nicht und auch mit keinem anderen Therapeuten. Ich wäre gern derjenige, dem sie sich anvertraut. Aber warum sollte sie das tun? Ich bin ein wildfremder Mensch für sie. Leider muss ich ständig an sie denken. Selbst wenn ich nach der Arbeit durch die Bars ziehe oder zu Hause bin. So hatte ich mir mein Praktikum nicht vorgestellt. Was soll aus mir für ein Arzt werden, wenn ich es schon bei meiner ersten Patientin nicht schaffe, Persönliches von Privatem zu trennen? Ich würde gern ihre Hand nehmen, damit sie mit dem Zappeln aufhört. Die Medikamente sollen sie ruhigstellen und gefügig machen, aber bei ihr ist das Gegenteil der Fall. Leider wäre die Geste zu vertraulich für den derzeitigen Stand unserer Beziehung. Ich ziehe den Post-it-Block aus meiner Hosentasche. *Kannst du nicht schlafen?*, schreibe ich darauf und reiche ihr Block und Stift.

Sie zieht ihre Augenbrauen in die Höhe. *Ich habe das Gefühl für ein Jahrhundert vorgeschlafen zu haben.* Ich verkneife mir ein Lächeln. Das war einfach. *Das ist wissenschaftlich gesehen unmöglich. Der Körper kann Erholung nicht speichern.* Sie liest die paar Worte und nickt. *Gut zu wissen. Was tust du noch hier?Dich besuchen.Hast du kein Zuhause?* Ich grinse. *Doch.Also schön, was tust du dann noch hier?Mich mit dir unterhalten?Ich rede nicht.* Als ob ich das nicht wüsste.

Wir müssen nicht reden.

Als sie meine Antwort liest, bekommt sie rote Flecken am Hals. Erst jetzt fällt mir auf, dass dieser Satz ziemlich zweideutig ist.

Was schlägst du vor?, schreibt sie, als sie sich wieder gefangen hat. Sie sieht mich nicht an, was ich irgendwie süß finde.

Ich überlege einen Moment, bevor ich ihr das Folgende verrate: *Ich zähle Schäfchen, wenn ich nicht schlafen kann.*

Jetzt muss sie sich ein Lachen verkneifen. Dann überlegt sie kurz und schreibt: *Ich spiele Schach. Im Kopf.*

Sie kann es wirklich. Das ist sehr schräg für eine Neunzehnjährige. Welcher Mann soll es mal mit ihr aushalten? Normalerweise denken Mädchen in ihrem Alter an Klamotten, Nagellack oder Filmstars. Schach spielen ist verboten. Auf jeden Fall redet man nicht darüber, wenn man sexy rüberkommen will. Ob ich ihr das sagen soll? Vermutlich denkt sie in anderen

Kategorien als die normale Menschheit. Und es geht mich wirklich nichts an, ob sie als Jungfrau stirbt.

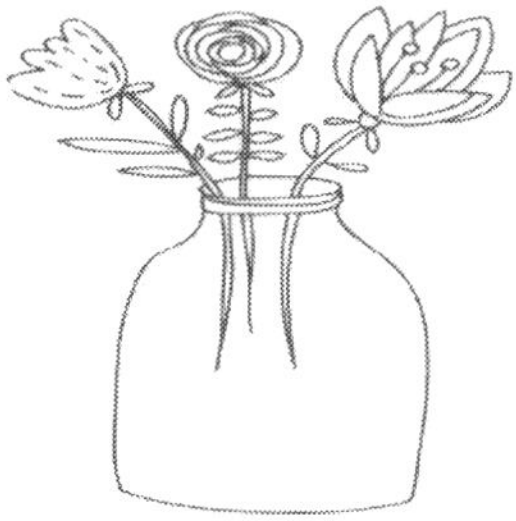

Rayne

Meine Antwort hat ihn aus dem Konzept gebracht. Ich sehe es ihm an und verkneife mir ein Grinsen. Er überlegt, was er als Nächstes schreiben soll. Vielleicht sollte ich es ihm leichter machen. Ein bisschen seichte Konversation sollte ich hinkriegen. Ich muss mir nur die Bilder in meinem Kopf verkneifen, wenn er solche zweideutigen Dinge schreibt.

Er gibt mir den Zettel zurück. Darauf steht: *Bauer von e2 auf e4.* Er will es wirklich wissen. Denkt er, ich lüge? Hätte ich behaupten sollen, dass ich von Jungs träume, wenn ich versuche einzuschlafen? Würde ich dann mit ihm flirten? Ich habe keine Ahnung. Mit so etwas kenne ich mich nicht aus. Weder habe ich schon mal geflirtet, noch hat es jemand mit mir getan. Mein Vater bewacht mich und mein Leben wie Zerberus die Unterwelt. Wenn das gerade meine Chance war, dann habe ich sie wohl verpasst. Eine Partie Schach ist aber auch gut. Ich notiere meinen Zug und schreibe: *Bauer von e7 auf e5.*

Sein zweiter Zug ist *Springer von g1 auf f3*.

Meinen setzte ich *von b8 auf c6.* Das ist die schottische Eröffnung. Wenn er es so will, kann er es auch so haben.

Ich nehme den Zettel zurück. Er zieht seinen nächsten Bauern *von d2 auf d4*. Vielleicht wird die Nacht doch nicht so langweilig, wie ich befürchtet habe.

Nach einer halben Stunde habe ich ihn geschlagen.

Ich habe ein paar strategische Fehler gemacht, damit das Spiel nicht zu schnell vorbei ist. Es ist ja nicht so, dass ich noch etwas vorhabe. An das Nichtstun habe ich mich schwerer gewöhnen können als an das Schweigen. Seit ich denken kann, hetze ich von Termin zu Termin. Unterricht, Proben, Sport, Konzerte, Ärzte. Meine Eltern planen jede Minute für mich bis ins letzte Detail. Viel Zeit zum Nachdenken bleibt da nicht. Nicht nur Untätigkeit macht mich fertig, sondern auch das Gedankenkarussell in meinem Kopf. Die Frage, die mich am meisten umtreibt, ist: *Was will ich für mich*? Dass ich keine Antwort darauf finde, macht mich fertig.

Er reicht mir seinen Zettel. *Morgen Revanche?*

Ich zucke mit den Schultern. Das soll heißen, wenn es unbedingt sein muss. Aber eigentlich hätte ich jetzt schon Lust. Wenn er geht, muss ich das Licht löschen und dann starre ich doch nur in die Dunkelheit.

Er steht auf. »Schlaf gut.«

Ich nicke. Auf keinen Fall werde ich ihn bitten, zu bleiben. Ob man das Reden verlernt, wenn man nicht mehr spricht? Höchstwahrscheinlich. Aber so weit kommt es hoffentlich nicht. Bestimmt findet er mich seltsam. Der Gedanke behagt mir nicht,

obwohl es mir doch egal sein kann, was er über mich denkt. Er muss mich für ein verwöhntes, reiches Mädchen halten, das einmal nicht seinen Willen bekommen hat. So haben meine Eltern es bei Dr. Luther hingestellt und ich war zu müde, um ihn vom Gegenteil zu überzeugen.
Er hat Burn-out diagnostiziert und alle waren zufrieden. Seitdem zieht er ihnen mein Geld aus der Tasche. Mir ist es egal. Aber meine Zeit läuft langsam ab. Für die Welt da draußen sind meine Eltern Supereltern, die ihr ganzes Leben meiner Karriere geopfert haben. Was ich geopfert habe, danach fragt kein Mensch. Mein Vater hat verlangt, dass ich Ruhe gebe und ihm dankbar bin. Jetzt hat er seine Ruhe und das passt ihm auch nicht.

Finian

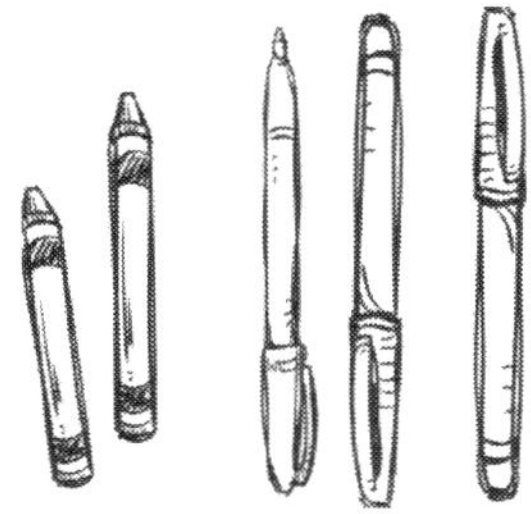

Ich fahre durch die Dunkelheit nach Hause und denke an sie. *Das ist nicht gut.* Sie weckt in mir denselben Beschützerinstinkt, den ich eigentlich für Niamh und Mom reserviert habe. Wir drei haben unsere eigenen Probleme, da darf ich mir nicht noch die einer weiteren Person aufladen. Es wäre besser, ich würde nur noch nach ihr schauen, wenn es sich absolut nicht vermeiden lässt. Ich schreibe keine Zettelchen mehr und schmuggle keinen Chai Latte und kein Buch mehr in ihr Zimmer.

Als ich zum ersten Mal den Tee gekostet habe, der ausdrücklich für sie reserviert ist, musste ich ihn postwendend wieder ausspucken. Eigentlich hätte mir der Geruch schon zu denken geben müssen. Ihr diesen Tee zuzumuten, kommt einer Körperverletzung gleich.

Vielleicht sollte ich ihr morgen einen Latte macchiato mit Karamell oder einen Strawberry Frappuccino mitbringen. *Stopp!* Ich werde ihr gar nichts mitbringen. Im Schwesternzimmer hängt ein Zettel mit genauen Anweisungen, was sie essen und trinken darf. Kaffee oder eine andere Leckerei steht nicht drauf. Hauptsächlich bekommt sie speziell gefiltertes Wasser und gesunde Pampe aus Hirse oder Quinoa und Nüssen. Auf keinen

Fall Fleisch oder weißes Getreide. Das klingt gruselig, ist aber alles nicht mein Problem.

Ich beschließe, nicht nach Hause zu fahren, sondern biege rechts ab. Vor dem Club ergattere ich den letzten Parkplatz. Noch während ich den Autoschlüssel in meine Hosentasche schiebe, höre ich Lilian kreischen. Es wäre doch klüger gewesen, heimzufahren. Sie hängt sich an meinen Arm und streckt mir ihren Schmollmund entgegen, damit ich sie küsse. Ich hätte ihr längst sagen müssen, dass zwischen uns nichts mehr läuft. Zwar waren wir nie offiziell zusammen, aber ich bin trotzdem ein paarmal mit ihr im Bett gelandet. Wenn ich es recht betrachte, dann denkt sie wahrscheinlich, wir sind ein Paar. Ich mache sie vorsichtig von mir los. Ihr enttäuschter Blick entgeht mir nicht. Mein schlechtes Gewissen meldet sich und ich nehme ihre Hand. Sie schwankt ein bisschen, während ich sie hinter mir herziehe. Sie hat getrunken und nicht gerade wenig. Ich kann betrunkene Frauen nicht ausstehen. Betrunkene Männer übrigens auch nicht. Man verliert zu schnell die Kontrolle über sein Handeln. Drinnen bestelle ich ihr ein Wasser und einen Kaffee und platziere sie neben mir an der Bar.

Sie rückt so nah an mich heran, dass sich unsere nackten Oberarme berühren. Ich widerstehe dem Impuls, von ihr abzurücken, obwohl sich ihre schweißfeuchte Haut an meiner nicht gut anfühlt.

»Für mich eine Coke«, sage ich der Bedienung, die mich mit ihren aufgeklebten Wimpern anhimmelt. *Sehen alle Mädchen in dem Laden so aufgetakelt aus*? Ist mir bisher gar nicht aufgefallen. Wahrscheinlich ist es dieses krasse Gegenstück zu Rayne, das mir deutlich macht, wie Mädchen sich verschandeln, nur um uns Jungs zu gefallen.

Wenn ich mir vorstelle, sie würde zu solchen Mitteln greifen, würde ich ihr die Tusche mit Seife aus dem Gesicht waschen. Bei dem Gedanken muss ich lächeln. Sie ist hübsch genug, so wie sie ist. *Das ist ein verbotener Gedanke*, ermahne ich mich.

»Hey, Digger.« Mein bester Freund Stewart schlägt mir auf den Rücken, sodass das Glas, aus dem ich gerade trinken möchte, gegen meine Zähne klirrt. Ich stöhne und unterdrücke den Drang, ihn wegzustoßen. Früher hätte ich mich wegen so einer Kleinigkeit mit ihm geprügelt.

»Sorry«, murmelt er, als ich ihn nur böse anblitze. »Alles klar in der Klapse?«

Ich nicke, weil ich ihm nicht von Rayne erzählen will. Er würde nicht verstehen, was mich an ihr fasziniert. Er versteht ja nicht mal, warum ich unbedingt studieren will. Wenn es nach ihm ginge, würden wir den Rest unseres Lebens auf Baustellen schuften, bis unsere Rücken kaputt sind, und abends scharfe Bräute in den Bars aufreißen.

Dieses Leben habe ich drei Jahre lang geführt. Es war nicht gerade leicht, die Schichten und das College unter einen Hut zu bringen. Er wusste von Anfang an, dass ich es nur mache, bis Niamh alt genug ist, sodass ich sie mit Mom allein lassen kann. Jetzt ist es so weit. Sie ist fünfzehn und es ist Zeit, dass ich an mich denke. Außerdem kann ich ihnen, wenn ich erst Arzt bin, ein viel besseres Leben ermöglichen als jetzt. Endlich ist diese Möglichkeit in greifbare Nähe gerückt. Ich atme tief ein. Ich kann Niamh aufs College schicken und Mom braucht dann nicht mehr so viel arbeiten.

Vielleicht kann ich irgendwann herausfinden, was genau mit Dad passiert ist. Das ist mein heimlicher Traum. Das treibt mich an, obwohl ich es nie auch nur einer Menschenseele verraten habe. Ich kann nur beten, dass alles nach Plan verläuft. Stewart ist mir keine große Hilfe. Meistens ist er sauer, dabei habe ich gehofft, dass er ein Auge auf Niamh hat, wenn ich in Boston bin. Ich kann immer noch nicht glauben, dass Ms. Brasil es tatsächlich geschafft hat, mir einen Studienplatz in Harvard zu besorgen. Sie hat einfach nicht aufgegeben. Wenn es nach ihr gegangen wäre, hätte sie mich sofort nach dem Ende der Highschool weggeschickt. Die Direktorin meiner ehemaligen Highschool hatte immer Angst, dass ich unter die Räder komme, wie sie es vorsichtig formuliert hat. Die Angst war nicht unbegründet. Wäre sie nicht gewesen, wäre genau das auch passiert. Es gab Momente, da war ich mit der

Verantwortung für Niamh und Mom völlig überfordert. Auch jetzt bin ich noch nicht sicher, ob meine Entscheidung richtig ist. Denn dafür brauche ich Geld. Viel Geld.

Mom kann das alles allein kaum schaffen. Ohne mein Einkommen wird es noch viel, viel schwerer, als es jetzt schon ist. Niamh soll sich auf die Schule konzentrieren und nicht nebenbei jobben. Sie hat zwar gesagt, es macht ihr nichts aus, aber ich weiß immer, wann sie lügt. Ich habe sie praktisch aufgezogen, weil Mom viel zu selten Zeit für sie hatte. Sie ist nicht nur einfach meine kleine Schwester. Ich fühle mich für sie verantwortlich. Ms. Brasil sagt, Niamh wird an der Herausforderung wachsen, genau wie ich.

Ich versuche daran zu glauben und klammere mich an den Gedanken, dass ich sie gut vorbereitet habe. Sie ist ein so tolles Mädchen. Sie weiß genau, was sie will und sie wird sich durchbeißen. Das habe ich ihr beigebracht. Ich sollte nicht so ein schlechtes Gewissen haben, aber ich kann nicht anders.

»Entspann dich mal«, unterbricht Stewart meine Gedanken. »Ich will dir jemanden vorstellen. Kommst du mit?«

Lilian ist in ein Gespräch mit einem Jungen vertieft, den ich nicht kenne. Lange wird sie mir nicht nachtrauern. Also lasse ich mich von Stewart zu einem Tisch schieben, der am Rand der Tanzfläche steht. Zwei Mädchen winken uns zu und Stewart strahlt übers ganze Gesicht. »Mein bester Freund Finian«, stellt er mich vor. »Abi und Thea«, erklärt er dann an mich gewandt.

Die Mädchen sehen nett aus, also lasse ich mich von Stewart auf einen Stuhl drücken. Ich wollte eine Ablenkung von Rayne, hier ist sie. In den nächsten zwei Stunden flirte und tanze ich. Keine Ahnung, ob Abi merkt, dass ich nicht ganz bei der Sache bin.

Als sie mich allerdings fragt, ob ich sie noch nach Hause bringe, lehne ich dankend ab. Als Entschuldigung lasse ich mir ihre Telefonnummer geben und verspreche, sie anzurufen. Dann fahre ich nach Hause. So eine Gelegenheit hätte ich mir noch vor einem Monat nicht entgehen lassen. Unkomplizierter Sex war das Einzige, was mich von meinen Problemen einigermaßen ablenken konnte. Was ich in meiner jetzigen Lebenssituation gebrauchen kann. Fragt sich, warum ich Nein gesagt habe.

Über die Antwort auf die Frage denke ich lieber nicht nach.

Rayne

»Alles in Ordnung?«, fragt Finian, als er am nächsten Abend zu mir kommt. Offensichtlich geht er dazu über, mit mir zu reden und ich ertappe mich dabei, dass ich ihm antworten will. Ich bin ein Schwächling. Da braucht nur jemand eine Stunde nett zu mir sein und schon will ich ihm mein Herz ausschütten. Er ist tagsüber schon ein paarmal in meinem Zimmer gewesen, aber nie allein. Meistens begleitet ihn diese rothaarige Schwester. Sie himmelt ihn an und mir wird schon vom Zuschauen schwummerig. Wenn das Spektakel noch ein paar Tage andauert, weiß ich mehr übers Flirten, als mir recht ist. Ich kann mir nicht vorstellen, dass Finian ihrem Ansturm auf Dauer widersteht. Es ist mehr als deutlich, dass sie ihn zu ihrem Opfer auserkoren hat. Dass sie ihn will und sie sieht wirklich gut aus.

Nicht zu groß und nicht zu klein. Selbst unter dem Kittel, der jeden Tag kürzer zu werden scheint, erkennt man ihre ansprechende Oberweite und sie hat ein hübsches Gesicht. Außerdem weiß sie genau, was sie will. Ich kann sie nicht leiden, habe ich beschlossen.

Gut, schreibe ich auf einen Zettel, den er mir reicht, und verdränge den Gedanken. Immerhin ist er offenbar nicht mit der

Rothaarigen nach Hause gefahren, sondern hiergeblieben. *Revanche?* Beim Schach befinde ich mich auf sicherem Terrain. Dieses Mal lasse ich ihn absichtlich gewinnen. Er soll ja nicht die Lust verlieren.

Dabei spielt er gar nicht schlecht, nur leider nicht so gut wie ich. Das denke ich völlig wertfrei. Ich bilde mir nichts mehr ein auf meine Talente. Ich habe sie nicht gewollt. Sie sind eine Laune der Natur. Mein Vater verkündet gern, ich hätte seine Gene. Es bleibt die Frage, warum er nur mit Ach und Krach sein Studium geschafft hat.

»Du hast mich gewinnen lassen«, behauptet Finian. Er wirkt ein bisschen empört und ich presse die Lippen aufeinander.

Entschuldige, schreibe ich, was ihn komischerweise noch empörter aussehen lässt.

»Du musst dich nicht entschuldigen. Aber warum tust du das?«

Ich wollte nicht, dass du sauer auf mich bist.

Er lacht und ich entspanne mich. »Sauer, weil du besser Schach spielst als ich? Das ist nun wirklich keine Kunst. Versprich mir eins.«

Er beugt sich zu mir und überquert damit eine unsichtbare Grenze. Er sieht nicht nur gut aus, sondern er riecht auch gut. Ich atme tief ein.

»Nimm nicht noch mal Rücksicht auf meine Befindlichkeiten, okay? Du hast das Zeug zu gewinnen, also gewinne gefälligst.«

Ich nicke, nicht sicher, ob ich ihn richtig verstehe. Macht man das nicht so? Man nimmt Rücksicht auf die Gefühle anderer? Aber ich werde versuchen, seinen Wunsch zu respektieren.

»Was spielen wir jetzt?«, fragt er zu meiner Überraschung.

Ich zucke mit den Schultern. Ich spiele nur Schach. Es ist erbärmlich.

Er holt ein Päckchen Karten aus seiner Hosentasche. Dann zieht er seine Schuhe aus und setzt sich wie selbstverständlich im Schneidersitz auf mein Bett. Darf er das? Ich rühre mich nicht, denn ich will ihn nicht vertreiben. Dann lasse ich mir von ihm *Black Jack* beibringen und es wird ziemlich schnell klar, dass er in diesem Spiel viel besser ist als ich. Es ist ein Glücksspiel, mit Intelligenz kommt man nicht weit. Man muss Risiken eingehen, wenn man gewinnen will. Darin bin ich nicht besonders gut. Ich bin lieber auf der sicheren Seite.

Als er sich nach zwei Stunden verabschiedet, lasse ich ihn nur ungern gehen. Ich höre ihm gern zu, wenn er von seiner kleinen Schwester erzählt, und es scheint ihn nicht zu stören, wenn ich nicht antworte.

Finian

Es hat mir gefallen, heute mit ihr zusammenzusitzen und zu spielen. Sie hat sich so bemüht, zu gewinnen, dass sie vor Aufregung ganz rote Wangen bekam. Es stand ihr gut. Sie ist viel zu blass, weil sie nie rauskommt. Allerdings hatte sie keine Chance gegen mich. Sie traut sich einfach nichts, was sie nicht kalkulieren kann. So etwas habe ich mir schon fast gedacht. Ich wette, sie hat noch nie etwas Verrücktes gemacht. Damit ist sie das völlige Gegenteil von mir. Ich habe in meinem Leben schon so viel Mist gebaut, dass es für uns beide reicht. Ich ziehe die Zettel aus meiner Hosentasche und blättere sie durch. Sie hat eine schöne Handschrift. Ganz gleichmäßig. Nur wenn sie hektisch wird, malt sie komische Kringel an den Buchstaben E. Ich lächle, als ich daran denke, wie sie mir die Tonschale gezeigt hat, die sie im Töpferkurs gemacht hat. Sie hält sie in ihrem Nachtschrank versteckt und ist hellrosa geworden, als sie sie herausgekramt hat. Ich bin vor Lachen fast vom Bett gefallen und sie hat sich vor Verlegenheit gewunden. Sie tat mir richtig leid, aber das Ding sah aus wie ein überfahrenes Eichhörnchen. Ich hoffe, sie versucht nie, etwas darin aufzubewahren. Am liebsten hätte ich sie in den Arm genommen.

Es gibt bestimmt nur selten Dinge, die ihr nicht gelingen. Ich ertappe mich dabei, wie ich mir überlege, was wir morgen spielen könnten.

Ich entscheide mich gegen den Pokerabend mit meinen Jungs. Um noch einzusteigen, bin ich sowieso schon zu spät dran. Stewart wird wütend sein, aber das kann ich nicht ändern. Wenn ich weg bin, müssen sie sich eh einen neuen Spieler suchen.

Niamh ist nicht in ihrem Bett. Ich muss versuchen, mich nicht aufzuregen. Morgen ist Schule und eigentlich sollte sie um zehn schlafen. Aber dieses Biest schaut lieber noch ihre Serien. Ich lehne mich in den Türrahmen. Sie liegt in Top und Hotpants auf der Couch. Auf dem niedrigen Tisch herrscht das totale Chaos. Zwischen Chips und Colaflaschen liegen Schulbücher und ein paar Blätter. Offensichtlich hat sie versucht zu lernen. Der Fernseher läuft noch, während Niamh längst schläft. In diesem Zustand erinnert sie mich immer noch an das kleine Mädchen, das sie bis vor Kurzem gewesen ist. Allerdings darf ich das nicht erwähnen. Es macht sie fuchsteufelswild. Sie kann nicht schnell genug erwachsen werden. Ich knie mich neben das durchgelegene Sofa. »Kätzchen, wach auf.« Vorsichtig rüttele ich an ihrer Schulter. »Du musst in dein Bett.« Grummelnd rappelt sie sich auf und wankt mit geschlossenen Augen in ihr Zimmer. Ich folge ihr und passe auf, dass sie nirgendwo anstößt, dann decke ich sie zu.

»Dad geht es nicht gut«, murmelt sie und schläft umgehend weiter. Ich seufze und gehe zu seinem Zimmer.
Der durchdringende Geruch von Pisse schlägt mir entgegen, als ich die Tür nur einen Spalt öffne. Sofort übermannt mich das schlechte Gewissen, Niamh mit ihm hier alleinzulassen. Vielleicht kann ich sie mit nach Boston nehmen. Ich muss Ms. Brasil fragen. Dad liegt auf dem Bauch und schnarcht leise. Bis auf den Geruch sind das Zimmer und die Bettwäsche sauber. Kein Wunder, dass Niamh nicht pünktlich im Bett war. Sie hat alles sauber gemacht. Ein fünfzehnjähriges Mädchen sollte nicht die Pisse ihres Dads wegwischen. Hoffentlich kommt sie morgen früh raus. Sie braucht ihren verdammten Schlaf. Ich öffne das Fenster und gehe zurück ins Wohnzimmer. Während ich aufräume, die Colaflaschen und Pizzakartons wegwerfe, fällt mir ein, dass ich darauf achten sollte, das Niamh gesündere Sachen isst. Leider können wir uns das Biozeug nicht leisten, aber ich werde versuchen, öfter Obst mitzubringen und statt Cola Apfelsaft oder so etwas. Mom will ich damit nicht belästigen, sie hat mit ihrer Arbeit und mit Dad genug zu tun. Es ist gemein von mir, aber ich bin jedes Mal froh, wenn ich ihn Montag früh zurück ins Heim bringen kann. Die Wochenenden sind mittlerweile ein totaler Horror für mich. Gerade dann, wenn Mom Nachtschichten hat und sich nicht um ihn kümmern kann. Einmal habe ich vorgeschlagen, ihn am Wochenende nicht nach Hause zu holen. Mom ist ausgeflippt und

hat mich beschimpft. Danach habe ich mich gefühlt wie der letzte Dreck und nie wieder etwas gesagt.

Rayne

Als ich aufwache, stehen meine Eltern an meinem Bett. Ich wünschte, sie würden mich nicht jeden Tag besuchen. Ich wünschte, sie würden mich in Ruhe lassen. Blöderweise kann ich ihnen das nicht sagen. Nicht mal einen Zettel kann ich ihnen schreiben; sie würden denken, ich bin kurz davor aufzugeben. Aber darauf können sie lange warten. Ich hüte die Zettel, die ich mit Finian schreibe, wie einen kostbaren Schatz. Die Stunden, die er abends mit mir verbringt, sind die schönsten des ganzen Tages. Er bringt mir Bücher mit und erzählt mir, warum er gerade diese ausgesucht hat. Manchmal schmuggelt er Schokolade ins Zimmer. Wir spielen Schach und er hat versucht, mir das Pokern beizubringen, obwohl man das zu zweit nicht wirklich spielen kann. Er hat versprochen, mal mit mir in ein Casino zu gehen, obwohl er das unmöglich ernst gemeint haben kann. Wenn ich entlassen werde, werden wir uns vermutlich nie wiedersehen. Ein Grund mehr, weiterhin zu schweigen, obwohl es mir von Tag zu Tag schwerer fällt. Mehr als einmal hat er mich in Versuchung gebracht, ihm zu antworten. Die Zettelschreiberei ist schon lästig. Aber ich darf nicht riskieren, dass mich jemand hört. Nicht selten steckt eine neugierige Krankenschwester ihren Kopf in mein Zimmer, wenn wir zusammensitzen. Es wundert mich, dass mir Dr. Luther keine Anstandsdame schickt.

Oder dass er nicht verlangt, dass die Tür offen bleiben muss Die Schwestern verziehen jedes Mal enttäuscht ihre Gesichter, weil sie uns nicht in flagranti bei etwas Unanständigem erwischen. Das ist wirklich lachhaft. Finian ist einfach nur nett. Das ist schließlich sein Job. Ich bin auf keinen Fall sein Typ. Jungs wie er stehen auf langbeinige Blondinen. Frauen, die an ihrer Seite etwas hermachen. Keins dieser Kriterien erfülle ich. Finian schüttelt in solchen Momenten immer den Kopf und achtet peinlich genau darauf, einen bestimmten Sicherheitsabstand einzuhalten.

»Wie geht es dir heute, Schatz?« Meine Mom setzt sich auf die Bettkante, während ich mir verschlafen die Augen reibe. Nicht, dass sie mich umarmt oder so. Das tut sie nie. Sie lächelt mich an. Traurig, wie meistens. Schon als Kind gab sie mir das Gefühl, nur glücklich zu sein, wenn ich tat, was sie wollte. Und als Kind will man seine Eltern schließlich glücklich machen. Mein Vater hat eine andere Taktik. Er ignoriert mich, wenn ich nicht mache, was er verlangt. Wenn ich brav bin, streichelt er mir den Kopf und sagt, wie stolz er auf mich ist. Ich habe mich für diese armseligen Zuneigungsbekundungen ein Leben lang überschlagen. Meine einzige Entschuldigung dafür ist, dass ich jung und dumm war.

Und naiv. Ich habe um seine Aufmerksamkeit gekämpft und wollte beweisen, ihrer wert zu sein.
Keiner von den beiden erwartet eine Antwort auf die Frage. Nicht mehr.
Ich blicke zu meinem Vater, der scheinbar uninteressiert am Fenster steht und hinausschaut. Seine schlanke, sehnige Gestalt steckt in einem schwarzen Anzug. Er ist immer perfekt gekleidet. Noch nie habe ich ihn in einer Jogginghose gesehen. Es grenzt an ein Wunder, dass er zu seinen gebügelten Pyjamas keine Krawatte trägt.

»Wir möchten dir etwas sagen.« Mom streicht nervös meine Bettdecke glatt. Ihre silbernen Armringe klimpern. Sie ist immer noch eine wunderschöne Frau mit ihren langen weißblonden Haaren. Ihre richtige Haarfarbe ist angeblich genau wie meine ein Mix zwischen Blond und Braun. Ich habe sie allerdings nie mit einer anderen Farbe gesehen. Sie hat alles dafür getan, dass ihre Haut und ihr Körper straff und jugendlich bleiben. Die Angst, dass mein Vater sie wegen einer jüngeren Frau verlassen könnte, ist allgegenwärtig, auch wenn sie es nie so deutlich sagt. Sie tut mir leid und spontan greife ich nach ihrer Hand. Erstaunt sieht sie mich an und lächelt. Eigentlich sollte man meinen, ich sei die Kranke in der Familie, aber da bin ich mir nicht mehr so sicher.

»Wir werden Grannys Haus verkaufen«, erklingt plötzlich die Stimme meines Vaters. Er sieht mich nicht an, aber ich weiß trotzdem, dass er diesen Schlag perfekt geplant hat.

Ich öffne den Mund, um meinem Protest lautstark Ausdruck zu verleihen. Sein Körper strafft sich, als warte er nur auf ein Wort von mir und ich schließe ihn wieder. Er wird nicht gewinnen. Diesmal nicht. Ich lasse mich nicht provozieren. Sie haben kein Recht dazu.

Granny hat mir das Haus hinterlassen, nur mir. Es ist der einzige Ort, an dem ich mich je zu Hause gefühlt habe. Das wissen sie und sie wollen es mir nehmen. Sie wollen mich bestrafen, weil ich nicht tue, was sie von mir erwarten. Meine Wünsche sind ihnen gleichgültig. Natürlich sehen sie das völlig anders und ich kann sogar ein bisschen verstehen, warum. Ich habe nie rebelliert. Meine Forderung, Granny zu besuchen, als sie krank war, kam für sie völlig überraschend. Bis dahin hatte ich akzeptiert, dass ich nur noch mit ihr telefonieren durfte. Aber als der Anruf von Mae, ihrer besten Freundin, kam, die mir sagte, wie schlecht es um sie stand, konnte ich einfach nicht anders. Wenn ich gekonnt hätte, wäre ich einfach geflogen. Aber ich habe weder eine Ahnung davon, wie man einen Flug bucht, noch eigene Kreditkarten, um diesen zu bezahlen. Niemand hat mir gezeigt, wie so etwas funktioniert.

Fassungslos sehe ich zu meiner Mutter. Ich habe mich in etwas verrannt, aus dem ich nicht herauskomme. Als ich beschloss, nicht mehr zu reden, kam mir diese Idee genial vor. Rückblickend betrachtet ist sie recht kindisch. Keine Ahnung, was ich mir davon versprochen habe. Mein Vater lässt sich nicht von mir erpressen und meine Mutter wird sich nie auf meine Seite schlagen. Aber vorher hatte ich es mit Diskussionen versucht. Ich hatte meine Argumente vorgebracht. Ich hatte eine Liste geschrieben mit Dingen, die ich zukünftig gern selbst bestimmen würde. Mein Vater hat keine meiner Forderungen und Vorschläge akzeptiert. Er sieht sich als Herr über mein Leben und mein Können.

Ich habe gar keine andere Wahl, als dieses Theater fortzuführen. Wenn ich einfach wieder rede, habe ich nichts erreicht. Dummerweise bin ich jetzt praktisch eine Gefangene. Ich habe kein Geld, kein Handy, keine Freunde, die ich um Hilfe bitten kann. Ich habe keine Ahnung, wie ich mich frei bewegen kann und wie ich von A nach B komme. Ich weiß nicht mal, wie ich aus dieser Klinik herausfinde, geschweige denn nach Oak Hill kommen könnte. Dort hat Granny gewohnt. Dort steht das Haus, das seit Generationen der Familie meiner Mutter gehört. Sie dürfen es nicht verkaufen. Leider ist das nur theoretisch der Fall. Als ich achtzehn wurde, hat mein Dad mich haufenweise Papiere unterzeichnen lassen. Ich habe ihm praktisch eine Generalvollmacht über mein Leben erteilt. Zum Glück kann ich noch bestimmen, wann ich auf Toilette gehen möchte. Aber ich habe ihm vertraut. Warum habe ich nicht schon als Kind gegen

diese Fremdbestimmung aufbegehrt? Jetzt ist es zu spät. Sie werden Grannys Haus verkaufen, wenn ich nicht etwas unternehme. Ich ziehe mir die Decke über den Kopf. Ich will sie nicht mehr sehen. Meine Mutter steht auf und geht zu meinem Vater. Ich höre sie flüstern und verstehe Worte wie *vielleicht, später, warten.* Hoffnung keimt in mir auf, bis mein Vater so laut antwortet, dass ich es hören muss. »Es wird verkauft. Wir können uns nicht darum kümmern. Oder willst du in der Pampa Blaubeermarmelade einkochen und Unkraut zupfen?«, fragt er sie in diesem abfälligen Tonfall, vor dem ich mich schon als Kind gefürchtet habe.
Meine Mutter würde mit ihren sorgfältig manikürten Fingernägeln nicht mal eine Blaubeere von den Sträuchern rund ums Haus abpflücken. »Du konntest doch gar nicht schnell genug von dort wegkommen«, erstickt er weitere Widerworte im Keim und wie immer gelingt es ihm. Meine Mutter hat keine Einwände mehr.

»Das Theater muss aufhören«, verkündet er in meine Richtung. Ich gebe weder einen Laut von mir, noch bewege ich mich unter der Decke, obwohl ich das Gefühl habe, zu ersticken. Mein Verhalten ist albern und das weiß ich. Ich sollte schreien und toben, aber ich weiß aus Erfahrung, dass das noch weniger bringen würde, als zu schweigen. Ich brauche jemanden, der mir hilft und der mich darin bestätigt, dass es richtig ist, was ich tue, denn langsam fange ich an, daran zu zweifeln. Wenn das so weitergeht, werde ich wirklich noch verrückt. Nur leider gibt es eine solche Person nicht. Zumindest nicht, seit Granny tot ist.

Als sie weg sind, erlaube ich mir zu weinen. Zum zweiten Mal in meinem Leben, jedenfalls soweit ich mich erinnern kann. Das erste Mal war, als Dad mir mitteilte, dass Granny gestorben war. Allein. Die Augen meiner Mom waren ganz trocken. Verwundert hat mich das nicht. Dad hat uns oft genug erklärt, dass das Weinen etwas für Schwächlinge ist. Wer im Leben etwas erreichen möchte, der heult nicht. Ich habe mich immer an seine Worte gehalten. Sie haben mir vorgeworfen, unreif zu sein, dabei war ich nur verzweifelt. Ich hatte den Menschen verloren, der mir am nächsten stand.
Sie haben bis heute nicht begriffen, was sie mir angetan haben, als sie mir einen letzten Besuch verweigerten. Ich habe versucht, es ihnen zu erklären, aber Gefühle sind ebenfalls etwas für Schwächlinge. Was wirklich zählt, ist harte Arbeit und ein einmal gestecktes Ziel nicht aus den Augen zu verlieren. Mein Dad hat sich bei meiner Geburt das Ziel gesteckt, etwas ganz Besonderes aus mir zu machen. Dieses Ziel hat er nie aus den Augen verloren und mich so zurechtgebogen, wie er es für richtig hielt. Für ihn bedeutet es verlorene Zeit, am Sterbebett eines Menschen zu sitzen und dessen Hand zu halten. Es ist vergeudete Zeit, sich zu verabschieden und erst recht ist es vergeudete Zeit, sich um ein Haus zu kümmern, in dem man als Kind glücklich gewesen ist. Es

gibt keine Worte, um mich ihm verständlich zu machen. Wir sprechen nicht dieselbe Sprache.

Es klopft an der Tür und Finian tritt ein. Es ist sehr rücksichtsvoll von ihm, sich zunächst bemerkbar zu machen und nicht, wie die Schwester einfach hereinzustürmen. Sie scheinen anzunehmen, ich hätte kein Recht auf Privatsphäre, nur weil ich mich weigere, *Herein* zu rufen. Ich wische über meine Wangen. Er soll mich nicht weinen sehen. Aber es ist nicht so einfach, den Tränenfluss zu stoppen. Am liebsten würde ich ihn bitten, zu gehen. Ich muss jetzt allein sein. Aber Finian setzt sich auf die Bettkante und zieht mich an sich. Erst sträube ich mich, weil ich nicht so richtig weiß, was ich davon halten soll. Aber seinem sanften Druck habe ich nichts entgegenzusetzen.

Die ganzen Abende, die er mit mir verbracht hat, haben zu einer seltsamen Vertrautheit zwischen uns geführt. Ich lege meine Stirn auf seine Schulter und lasse zu, dass er mich festhält.

»Du wirst mir nicht sagen, was passiert ist«, murmelt er mir ins Ohr. »Das musst du auch nicht. Ich wette, es hat etwas mit den beiden Eiszapfen zu tun, die gerade dein Zimmer verlassen haben.« Seine Hände streichen über meinen Rücken und fast muss ich über die so zutreffende Beschreibung meiner Eltern lachen. Stattdessen bekomme ich einen Schluckauf und der Tränenstrom versiegt. Finian zieht mich enger an sich und seine Umarmung löst widerstreitende Gefühle in mir aus. Einerseits will ich mich näher an ihn schmiegen, was daran liegen muss, dass mich bis auf meine Granny nie jemand in den Arm genommen hat. Andererseits will ich am liebsten weglaufen. Ich muss lernen, mich aus Abhängigkeiten zu lösen, das ist der Zweck der ganzen Übung hier. Dazu darf ich mein Herz nicht an den ersten Jungen verlieren, der nett zu mir ist. Aber ich kann nicht. Ich gönne mir eine kleine Auszeit und lasse mich einfach von ihm festhalten. Ich spüre seinen Herzschlag und als er mich loslässt – Bedauern. Finian streicht mir eine Haarsträhne aus dem Gesicht. Bestimmt sehe ich gruselig aus.

»Ich wünschte, du würdest nicht diesen festen Zopf tragen«, sagt er mehr zu sich selbst als zu mir. »Du siehst immer so streng aus. Richtig furchteinflößend.«

Als er zwinkert, muss ich meinen Blick abwenden, damit er meine Verlegenheit nicht sieht. Ich will mich nur wieder an ihn lehnen.

Diesen Zopf hat meine Mutter mir schon als kleines Mädchen gemacht. Ihrer Meinung nach gehört es sich nicht, mit offenem Haar herumzulaufen.

Finian

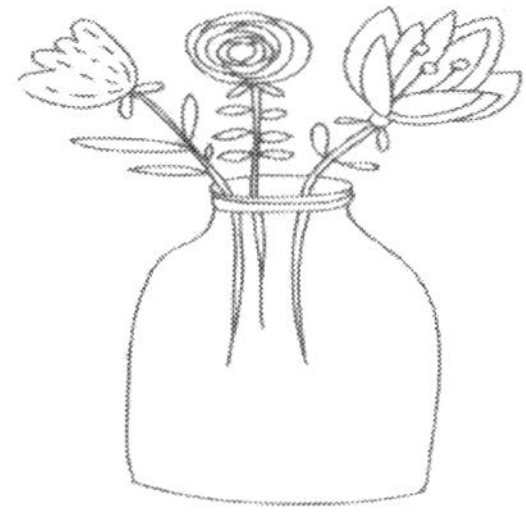

Ich schaue noch ein letztes Mal nach ihr, bevor ich nach Hause fahre. Das Licht ist schon gelöscht, nur auf dem Nachttisch brennt noch eine kleine Lampe. Ich mustere ihr Gesicht. Unter ihren Augen haben sich im Laufe der letzten Tage Schatten gebildet. In dem komischen Licht sieht sie besonders verletzlich aus. Ich muss mich zwingen, ihr nicht über die Wange zu streichen. Ich habe gehört, wie ihre Eltern mit Dr. Luther gesprochen haben. Sie geben uns noch eine Woche, wenn sie bis dann nicht spricht, nehmen sie sie mit. Sie zweifeln an seiner Kompetenz. Ich übrigens auch. Wenn ich in den letzten Wochen, die ich die Familie nun beobachte, eines kapiert habe, dann, dass ein Arzt nicht Rayne, sondern ihre Eltern therapieren müsste. Allerdings habe ich diese Lektion auch schon früher gelernt. Als Kind ist man völlig hilflos. Aber sie ist kein Kind mehr. Sie ist neunzehn Jahre alt, und wenn ich an ihrer Stelle wäre, wäre ich schon weggerannt. Vorzugsweise ans andere Ende der Welt. Irgendwohin, wo diese beiden gefühlskalten Monster mich nicht finden.

Sie tut mir leid. Jetzt streiche ich doch ihr Haar zurück. Sie seufzt leise und bewegt sich. Ihre Hand, die sie eben noch zu einer Faust geballt hatte, öffnet sich und gelbe Post-its fallen heraus.

Ich muss lächeln, weil sie im Schlaf so gar nicht nach einem Wunderkind aussieht, sondern wie ein normales,
aber trauriges Mädchen. Sie hat noch mal geweint und ich bedaure, dass ich nicht bei ihr war. Ich hätte sie gern festgehalten. Dieser Job verlangt mir mehr ab, als ich befürchtet habe. Ich sollte mich emotional mehr von ihr distanzieren. Ich sollte mich darauf konzentrieren, weshalb ich hier bin. Ich muss meine Gefühle außen vor lassen, aber ich hätte nie gedacht, dass das so schwer ist. Vielleicht ist meine Berufswahl nicht die richtige für mich. Allerdings wollte ich schon immer Arzt werden. Vielleicht sollte ich mir ein dickeres Fell zulegen und die Patienten nicht so an mich heranlassen. Sicher ist das nur eine Frage der Übung. Ich ziehe die Decke über ihre Schultern. Niamh wartet sicher schon auf mich. Meine Schwester und Rayne leben in total unterschiedlichen Welten. Rayne kann sich alles kaufen, was sie will. Niamh hat zwar jede Menge Wünsche, aber wir sind arm. Immerhin haben wir uns. Ich wette, meine kleine Nervensäge ist trotz unserer enormen Probleme glücklicher als Rayne. »Bis morgen«, flüstere ich, bevor ich gehe.

Rayne

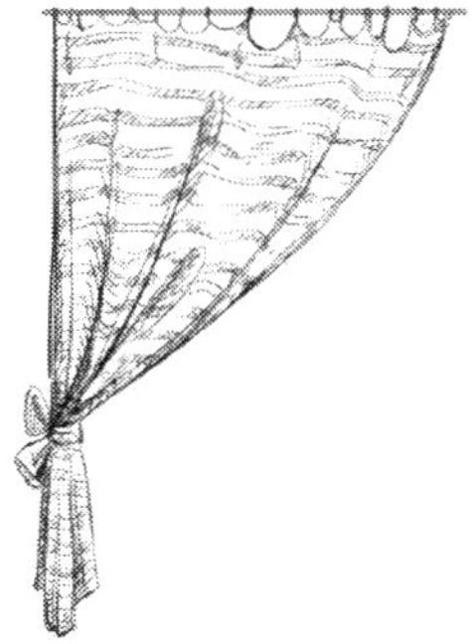

Ich trage durchsichtigen Lipgloss auf. Zum dritten Mal heute. Blöd von mir, ich weiß, aber ich bin ein bisschen nervös. Finian war letzte Nacht noch bei mir. Ich habe mich nicht getraut, ihn anzusehen und so getan, als ob ich schlafen würde. Seine Umarmung am Nachmittag hat ein seltsames Gefühl in mir hinterlassen. Ich habe mir gewünscht, er würde mich noch mal festhalten. Aber dieser Wunsch ist völlig unrealistisch. Erstens hat er sicher eine Freundin und zweitens bin ich eine Patientin. Wenn uns jemand erwischt hätte, wäre er geflogen. Ich will nicht, dass er wegen mir seinen Job verliert.

Ob er heute einen freien Tag hat? Aber er hat ausdrücklich gesagt: *Bis morgen.* Ich schweige zwar, aber hören kann ich ausnehmend gut, sonst wäre ich nicht so eine erfolgreiche Geigerin. Ich wusste schon früh, dass es nicht meine Finger sind, denen ich mein Talent verdanke, sondern meine Fähigkeit, Zwischentöne zu hören. Vielleicht ist es besser, wenn er heute nicht kommt, ständig muss ich heulen. Ich sehe schrecklich aus. Als weinte ich heute alle ungeweinten Tränen meines Lebens. Bestimmt liegt das an den Tabletten, die sie mir geben. Ich sollte sie in die Toilette spucken.

Es klopft, die Tür geht auf und er steckt seinen Kopf herein. Ich verkneife mir ein Aufatmen. Finian braucht nicht wissen, dass ich auf ihn gewartet habe.

Er lächelt mich an und automatisch wandern meine Mundwinkel nach oben. Dann setzt er sich auf meine Bettkante und reicht mir die Post-its und einen Stift. Der weiße Kittel, den er heute trägt, ist etwas zu eng für ihn und spannt an seinen Schultern. Ich schüttele den Kopf. Warum fällt mir etwas so Nebensächliches überhaupt auf? Langsam scheint mir die Einsamkeit zuzusetzen.

Er zeigt mir Bilder von seiner Schwester. Ich habe ihn darum gebeten, nachdem er mir von ihr erzählt hat. Ich hätte liebend gern Geschwister gehabt, aber mein Dad hat immer behauptet, ich wäre so anstrengend als Baby gewesen, dass ihm die Lust auf weitere Kinder vergangen sei. Mom äußert sich zu dem Thema nicht. Sie weiß genau, wann es klüger ist, ihm nicht zu widersprechen. Ich wünschte, ich könnte das auch. Man könnte auch sagen, sie hat resigniert. Aufmerksam schaue ich mir die Bilder an und lausche Finians Erklärungen. Wenn man ihm zuhört, könnte man denken, das Mädchen sei sein Kind. Auf den Fotos kann er selbst nicht viel älter als neun oder zehn Jahre sein. Immer hat er das Kleinkind an der Hand. Sie strahlt ihn an, als wäre er ihr ganz persönlicher Gott. Einen Erwachsenen sehe ich nie. Bestimmt macht seine Mom die Fotos. Seinen Dad hat er nicht erwähnt und ich frage auch nicht nach. Wenn er es mir erzählen wollte, dann hätte er es getan.

Vielleicht ist er abgehauen. Warum war meiner nicht auch so verantwortungslos? Aber man kann sich seine Eltern nicht aussuchen. Schade eigentlich. Wenn Granny nicht so schnell gestorben wäre, dann hätte ich einen Weg gefunden, zu ihr zu kommen.
Vielleicht sollte ich Finian bitten, sein Telefon benutzen zu dürfen. Bestimmt finde ich einen Anwalt, der verhindert, dass Dad Grannys Haus verkauft. Ich bin volljährig. Ich sollte das Recht haben, über mein Erbe und meine Gelder selbst zu bestimmen. Dad wird nicht freiwillig seine Macht über mich abgeben. Ich werde ihn zwingen müssen. Es ist schlimm, dass es so weit gekommen ist. Noch zögere ich, weil ich nicht weiß, wo ich anfangen soll und eigentlich will ich Finian da nicht mit reinziehen.

Sie ist sehr hübsch, schreibe ich auf einen Zettel, *und ihr seht euch sehr ähnlich.* Das ist mir sofort aufgefallen. Sie haben dieselben Augen und dieselbe schmale Nase. Niamhs Haare locken sich stärker als Finians und ihr Mund ist anders geschnitten, aber man sieht, dass sie gerne lacht.

Finian nickt stolz.

Hat sie einen Freund? Ich muss lachen, weil Finian sein Gesicht verzieht und heftig den Kopf schüttelt.

»Dafür ist sie viel zu jung.« Ganz offensichtlich hat er etwas mit meinem Vater gemeinsam.

Was sagt sie dazu, dass du nach Boston gehst?

»Sie ist nicht begeistert, aber sie wird sich daran gewöhnen«, antwortet er.

Immerhin hat sie noch deine Mutter, versuche ich ihm das schlechte Gewissen zu nehmen, das ich in seinem Gesicht lesen kann.

Er presst die Lippen zusammen, sagt aber nichts. Er verschweigt mir etwas.

Ich würde gern wissen, was es ist, aber wenn er es nicht von selbst preisgibt, werde ich nicht fragen. Wir haben alle unsere Geheimnisse.

Finian

Es ist besser, das Thema zu wechseln. Ich stecke mein Handy wieder ein. »Willst du mir sagen, was gestern los war?«, frage ich.

Rayne schüttelt den Kopf. Ich bleibe einfach sitzen und warte. Mein Blick fällt auf ein Glas, das auf ihrem Nachtschrank steht. Darin sind jede Menge bunter, sorgfältig gerollter Zettel mit kleinen Bändern darum. Ich würde gern wissen, was auf diesen steht. Ihre Augen huschen durchs Zimmer und sie kaut auf ihrer Lippe. Ihre Haare sind wieder zu diesem verdammten Zopf gebunden, mir tut schon beim Angucken die Kopfhaut weh. Am liebsten würde ich dieses Gummi und die Haarnadeln herausziehen. Sie muss noch mal geweint haben. Ihre Augen und ihre Nase sind knallrot. Ich kenne kein Mädchen, das sich einem Jungen so zeigen würde. So sieht sie noch viel jünger aus, als sie eigentlich ist – und hilfloser. Verdammt.

»Vielleicht kann ich dir helfen, wenn du es mir verrätst?« Es überrascht mich selbst, wie stark mein Wunsch ist, etwas für sie zu tun.

Auffordernd hält sie mir die Hand hin und ich gebe ihr die Post-it Zettelchen it zurück.

Sie wollen das Haus meiner Granny verkaufen.

Da ich meine Großeltern nie kennengelernt habe, verstehe ich ihr Problem nicht. »Warum ist es so schlimm?«

Es gehört mir. Sie hat es mir hinterlassen. Sie dürfen nicht einfach darüber entscheiden.

Ich ziehe meine Augenbrauen nach oben. Prinzessin bekommt ihren Willen nicht oder was? Sie muss mir meine Gedanken ansehen, denn sie schnauft wütend. Dann beginnt sie wie wild zu schreiben. Wenn sie mit mir reden würde, wäre es leichter, aber ich hüte mich, ihr diesen Vorschlag zu machen. Allerdings wäre jetzt eine gute Gelegenheit dazu. Warum also tue ich es nicht? Ich setze mich neben sie aufs Bett, um mitzulesen, während sie schreibt. Ihrer Schrift sieht man an, wie aufgewühlt sie ist. Jetzt ist es nicht nur der Buchstabe E, der einen Kringel bekommt.

Granny hat es mir hinterlassen. Es ist mein einziges, richtiges Zuhause. Sie wollte, dass ich eine Zuflucht habe, wenn ich erwachsen bin und selbst entscheiden kann, was ich will. Ich hätte sie so gern noch einmal gesehen. Ihr ›Auf Wiedersehen‹ gesagt, aber Dad hat es verboten. Ich durfte sie schon seit drei Jahren nicht mehr besuchen. Er war der Meinung, sie hetzt mich auf. Manchmal hat Rosa mir geholfen, sie anzurufen, aber Dad durfte das nicht wissen. Rosa ist unsere Haushälterin.

Ich nehme ihr den Block aus der Hand. »Deine Granny ist gestorben?«, frage ich, nachdem ich die Zeilen gelesen habe.

Rayne nickt und schnieft. *Vor zehn Wochen. Ich wollte wenigstens zu ihrer Beerdigung. Aber auch das ging angeblich nicht.* Tränen rollen über ihr Gesicht.

Ich ziehe sie an mich. Plötzlich kommt sie mir wie der einsamste Mensch dieses Planeten vor. Sie vergräbt ihr Gesicht an meiner Brust. Ihr Haar riecht nach Kokos und Vanille. Beruhigend streiche ich über ihren Rücken. Was ich hier tue, ist ganz falsch. Ich darf sie nicht so an mich heranlassen.

Ich würde es so gern noch einmal sehen, schreibt sie, als sie sich wieder beruhigt hat. *Es ist ein verwunschener Ort. Als Kind saß ich im Frühling unter den Apfel- und Kirschbäumen und wenn die Blüten ihre Blätter verloren, dachte ich, es würde schneien. Granny hat mir Geschichten von den Feen erzählt, die in dem kleinen Bach leben, der am Rand des Gartens fließt. Ich lag stundenlang auf der Lauer, um sie bei ihren Tänzen zu beobachten. Leider umsonst.*

Gestern habe ich einen Block mitgebracht, weil ich die kleinen Klebezettel auf Dauer etwas unpraktisch finde. Aber Rayne weigert sich, auf den weißen Blättern zu schreiben. Sie quetscht ihre Worte lieber weiter auf die kleinen gelben Zettelchen. Dafür male ich winzige Feen und Apfelbäume auf ein Blatt. Leider habe ich nur einen Bleistift, aber malen konnte ich schon immer gut. Ich fordere sie auf, mehr zu erzählen und während ich zeichne, fliegt ihr Stift über das Papier.

Granny hat immer Blaubeermarmelade eingekocht und ich habe ihr dabei geholfen.

Dann haben wir Brot gebacken und es mit frischer Butter beschmiert, solange es noch warm war. Ich habe nie etwas Leckereres gegessen. Auf dem Fensterbrett in der Küche standen bunte Töpfe mit Kräutern und abends, bevor wir uns auf die Schaukel auf der Terrasse setzten, um zu lesen, kochte sie uns frischen Tee mit Minze und Honig.

Ich zeichne ein typisch amerikanisches Haus mit umlaufender Terrasse und Rayne nickt begeistert.

Vor dem Haus waren Blumenbeete mit Rittersporn, Rosen und Lupinen.

Da ich keine Ahnung habe, wie Lupinen und Rittersporn aussehen, deute ich nur die Rosen an.

Granny hat Rosenblütenbadesalz selbst hergestellt und in der Peddler's Mall verkauft. Sie hat immer gesagt, wenn ich groß bin und mich verliebe, dann soll ich darin baden und der Mann meiner Träume würde mir umgehend verfallen. Er würde sich nicht wehren können.

Sie lächelt und ich frage mich, wie sie so unschuldig geblieben sein kann. Bei der Vorstellung, wie sie sich in einer Badewanne voller Rosenblüten rekelt, wird mir warm und ich rücke von ihr ab. Ich zeichne noch die Hängeschaukel auf die Terrasse des Hauses und gebe ihr das Bild. Ich räuspere mich. »Ich muss dann mal wieder. Kommst du zurecht?«

Rayne nickt und ihre Lippen formen ein stummes Danke. Ich halte die Luft an. Wenn das kein Fortschritt ist. Aber ich werde es Dr. Luther nicht sagen, noch nicht. Sie braucht einfach nur jemanden, der auf ihrer Seite steht.

Allerdings bin ich nicht der Richtige dafür. Ich kann ihr keinen Schutz bieten. Das ist es doch, was sie sucht. Jemanden, der ihr hilft, sich von ihren allgegenwärtigen Eltern zu lösen. Ich kapiere nicht, warum sie sich das gefallen lässt? Der Tod ihrer Großmutter muss sie wachgerüttelt haben. Dieses Schweigen ist reiner Protest. Eine komische Art von Protest und offensichtlich nicht besonders wirkungsvoll. Nur weiß sie keinen Ausweg.

»Du darfst dir das nicht gefallen lassen.« Ich schaue sie nicht an und umklammere nur die Türklinke. »Du bist alt genug. Du solltest um das kämpfen, was dir wichtig ist.« Dann verschwinde ich, bevor ich noch mehr sage.

Mist. Warum habe ich mich dazu hinreißen lassen. Das gehörte definitiv nicht zu meinem Job. Leider konnte ich nicht anders.

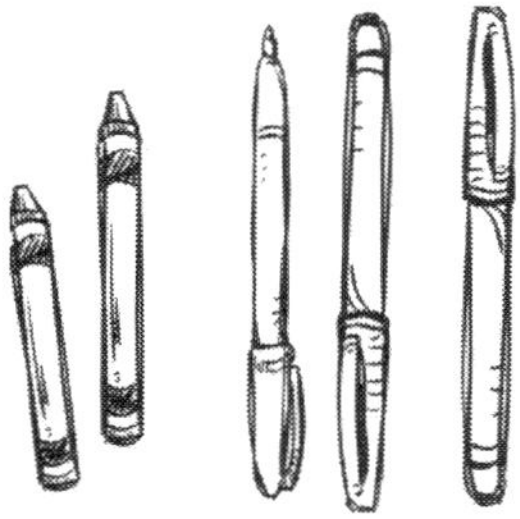

Rayne

Das Bild ist wunderschön, obwohl es eine Bleistiftskizze ist und auf kariertes Papier gezeichnet wurde. Er hat es lediglich nach meinen Erinnerungen gemalt und trotzdem wirkt es, als müsste ich nur die Tür öffnen und eintreten. Wenn ich ein Zwerg wäre, versteht sich. Gerade wünsche ich mir das sehnsüchtig. Ich fahre mit den Fingern über die Striche. Er ist sehr talentiert. Ob er das weiß?

Ich bin sicher, Finian wird mal ein toller Arzt. Er kann gut mit Menschen umgehen. Ich belausche die Schwestern, wenn sie über ihn reden und das tun sie fast ständig. Ich bin eifersüchtig auf die Zeit, die sie mit ihm verbringen, obwohl mir das nicht zusteht. Er kümmert sich nur um mich, weil es sein Job ist. Mehr darf ich da nicht hineininterpretieren. Bestimmt ist er zu den anderen Patienten genauso nett. Der Gedanke tut mir weh, obwohl er das nicht sollte. Ich wäre gern etwas Besonderes für ihn.

Seine Worte gehen mir nicht aus dem Kopf. *Du solltest um das kämpfen, was dir wichtig ist.* Vermutlich sollte ich das tun. Aber bin ich dafür mutig genug? Wenn ich zu lange darüber nachdenke, komme ich möglicherweise zu der Einsicht, dass ich es nicht bin. Ich wünschte, er käme noch mal zu mir, bevor er Schluss hat, aber ich bin auch erleichtert, dass er es nicht tut. So ist es leichter zu gehen.

Er erwischt mich, als ich mich gerade ins Treppenhaus schleiche. So ein Mist. Was tut er noch hier und warum benutzt er nicht den Fahrstuhl? Finian verschränkt seine Arme vor der Brust und mustert mich. Ich habe weder den Block noch den Stift dabei, also kann ich ihm nicht sagen, was ich hier will. Er darf es ja auch gar nicht wissen. Nur leider weiß er es auch so. Er seufzt und nimmt mich sanft in den Arm. Seit zwei Tagen fasst er mich ständig an. Mal streift er meine Hand, mal legt er einen Arm um meine Schulter, mal liegt sein Oberschenkel an meinem. Ich bin mittlerweile richtig süchtig danach. Aber zum ersten Mal stehen wir und mein ganzer Körper presst sich an seinen, als ich meine Arme um ihn schlinge. Das kann unmöglich ich sein, die das tut. Er ist mindestens einen Kopf größer als ich und deutlich kräftiger. Wahrscheinlich könnte er mich ohne Probleme in mein Zimmer zurücktragen. Bei der Vorstellung klopft mein Herz etwas schneller und ich wehre mich nicht, als er mich in den Gang schiebt, nicht ohne sich zu versichern, dass uns niemand sieht.

In meinem Zimmer angekommen, setze ich mich auf mein Bett. Ich bin eine Niete. Nicht mal abhauen kann ich. Jenseits der Konzertsäle bin ich lebensuntauglich.

Finian setzt sich neben mich und nimmt meine Hand in seine. »Wo wolltest du hin?«

Widerwillig greife ich nach dem Block. *Zum Haus meiner Granny.* Vermutlich kann er sich das sowieso denken.

»Wolltest du in diesem Aufzug los?«

Er mustert erst meinen Pyjama, dann die dicken Socken und ich merke, wie ich knallrot werde. Er muss mich für total bescheuert halten. Kein Wunder, dass ich in dieser Klinik sitze. Ich war so aufgewühlt, nachdem Dad mir vorhin verkündet hat, dass der Verkauf in der nächsten Woche abgewickelt wird. Dafür ist er extra noch mal hergekommen. Er wollte meine Reaktion sehen. Die Zeit läuft mir davon. Schweigend sitzen wir nebeneinander. Aber es fühlt sich nicht so an, als müsste ich ein schlechtes Gewissen haben, weil ich etwas falsch gemacht habe. Müde lege ich meinen Kopf auf seine Schulter. Ich tue nie etwas und bin trotzdem völlig erschöpft.

»Ich bringe dich hin«, unterbricht Finian die Stille.

Bestimmt habe ich mich verhört. Fragend sehe ich ihn an, mein Herz klopft in meinem Kopf, in meiner Brust und in meinem Magen gleichzeitig.

»Du willst es doch, oder? Ich habe ein Auto und ein bisschen Geld.«

Ich kann nicht glauben, dass er vorschlägt, mit mir durchzubrennen. Mein Vater wird ihm die größten Schwierigkeiten machen.

Als hätte er meine Gedanken gelesen, sagt er: »Um mich musst du dir keine Sorgen machen. Der Job hier ist sowieso nichts für mich. Ich schätze, ich werde lieber Kinderarzt als Psychologe.«

Das passt auch viel besser zu ihm. Die Kinder werden ihn lieben und die Mütter sowieso. Wie sollte man ihm widerstehen? Ich betrachte meine Finger, weil ich Angst habe, er errät auch diesen Gedanken. Wofür brauche ich die doofen Zettel. Finian liest in mir wie in einem Buch.

Ich muss mich konzentrieren. Wenn ich Ja sage, bringe ich ihn in Teufels Küche, wenn ich Nein sage, werde ich das Haus verlieren. Eigentlich ist die Antwort damit doch klar. Warum also zögere ich?

»Trau dich«, fordert Finian mich auf. »Wir schicken deinen Eltern von unterwegs eine Nachricht. Du bist volljährig. Du kannst gehen, wohin du willst. Wir finden jemanden, der dir hilft, das Haus zu behalten. Wenn du es behalten willst, dann musst du darum kämpfen. Du darfst dich nicht hier vergraben.« Seine Stimme ist so eindringlich wie nie zuvor. Bei ihm klingt es so einfach. »Trau dich«, flüstert er und diese Worte geben den Ausschlag. Hoffnung keimt in mir auf. Ich bin nicht mehr allein. Als ich vorsichtig nicke, springt Finian auf und geht zu meinem Schrank, als wäre eine andere Antwort keine Option gewesen. Er bringt mir die frisch gewaschen Klamotten, mit denen meine Eltern mich hergebracht haben. Warum habe ich da nicht selbst dran gedacht? Ich sehe, wie er die Stirn runzelt, während er missbilligend die weiße Bluse und die Hose mustert. Diese ist aus einem blauen Stoff und mit der Bügelfalte könnte man Brot schneiden. Ob ich ihm verrate, dass ich nur solche steifen Klamotten besitze? Verlegen trete ich von einem Fuß auf den anderen. Zum ersten Mal in meinem Leben treffe ich eine eigene Entscheidung. Na gut, zum zweiten Mal.

Aber die Entscheidung zu schweigen kommt mir im Vergleich dazu, mit einem Mann durchzubrennen, den ich kaum kenne, wie ein Kinderspiel vor. Meine Eltern werden mich suchen, so viel steht fest. Es könnte sich als der größte Fehler meines Lebens entpuppen oder als das größte Abenteuer. Ich sehe Grannys blaue Augen vor mir. Sie zwinkert. *Ab und zu sollte jeder über die Stränge schlagen*, scheint sie sagen zu wollen. Einer ihrer Lieblingssprüche. Sie sagte ihn am liebsten, wenn ich Angst hatte, auf einen der knorrigen Kirschbäume in ihrem Garten zu klettern. Meine Eltern hatten es verboten, schließlich hätte ich mir einen Arm brechen können. Aber Granny hat mich immer ermutigt, mir neue Grenzen zu stecken und diese wieder und wieder auszutesten. Ich vermisse sie so sehr. Allerdings war genau das der Grund, warum mein Vater untersagt hat, dass ich sie weiterhin besuche. Er war der Meinung, ihr Einfluss verdirbt mich. Mit vierzehn hatte ich keine Chance, mich gegen seine Entscheidungen zu wehren. Jetzt habe ich sie. Ich weiß zwar nicht, weshalb Finian mir hilft, aber ich beschließe, ihm einfach zu vertrauen. Ansonsten schaffe ich es nie hier raus. Wenn ich mich allein auf den Weg mache, laufe ich wahrscheinlich nur im Kreis durch den Klinikgarten.

»Ich bin deine einzige Chance.« Finian steht vor mir. Seine Hände liegen auf meinen Schultern und er zwingt mich, ihn anzusehen. »Wenn du möchtest, dann bringe ich dich von hier fort.«

Ich nicke, nehme meine Sachen und verschwinde im Bad. Wenn wir gehen, dann sollten wir es sofort tun, bevor ich kalte Füße bekomme.

Finian

Ich weiß nicht mal, wohin wir müssen. Das hier war so nicht geplant. Aber das wird mir erst klar, als wir bereits im Auto sitzen. Draußen regnet es in Strömen und wir sind völlig durchnässt. Ich muss besser auf sie aufpassen. Zitternd sitzt Rayne auf dem Beifahrersitz. Sie wendet mir ihr Gesicht zu und strahlt mich an. Mein Herz bleibt für einen winzigen Moment stehen, bis ich mich wieder fange. Das ist das Verrückteste und Falscheste, was ich je getan habe. So weit hätte ich es nie kommen lassen dürfen. Ich habe nicht eine Sekunde an Mom oder Niamh gedacht. Das Einzige, was ich wollte, war sie hier fortzubringen. Es fühlt sich richtig an. Ich werde Niamh eine Nachricht schicken. Wahrscheinlich versteht diese kleine, romantische Göre besser als ich, was ich hier tue. Aber sie hat unrecht, wenn sie denkt, ich tue etwas Uneigennütziges.

Das Glas von ihrem Nachtschrank hat sie mitgenommen und hält es auf ihrem Schoß fest. Das Glas und das Bild, das ich ihr gemalt habe. Sie hat es in ihrem Geigenkasten verstaut. Ansonsten besitzt sie offensichtlich nichts, das für sie von Wert ist.

»Kann es losgehen?«

Rayne nickt, als könnte sie es gar nicht abwarten, die Nacht bei strömenden Regen mit mir auf der Interstate zu verbringen.

»Wohin fahren wir?«

Rayne schaut mich an und fängt dann an zu lachen. Ihr ganzes Gesicht verändert sich. Sie lacht genauso, wie ich es mir vorgestellt habe. Nicht zu übertrieben und mit dieser rauchigen Note, die ich auch von ihrer Stimme aus den Interviews kenne, die ich mir angeschaut habe. Ich wette, sie hat eine tolle Singstimme.

»Nach Oak Hill. Das ist eine kleine Stadt in der Nähe von Nashville. Grannys Haus liegt etwas außerhalb.«

Verblüfft starre ich sie an. Sie spricht mit mir. Einfach so. Es klingt, als würde sie mir ein Geschenk machen. Ich weiß nicht, was ich sagen soll. So ganz habe ich nicht damit gerechnet, obwohl das ja eigentlich der Sinn dieser ganzen Aktion war. Es wäre das Klügste, sie genau jetzt in ihr Zimmer zurückzubringen. Stattdessen mache ich mich an meinem Navi zu schaffen. Wir werden bis morgen Nachmittag unterwegs sein und ich nehme mir vor, jede Sekunde zu genießen. Ich stelle das Radio an und fahre los. Rayne kuschelt sich in den Sitz, beobachtet mich mit ihren hellen Augen und ist nach ein paar Kilometern eingeschlafen. Ich hoffe bloß, Niamh ist mit Fremden nie so vertrauensselig.

Rayne

Als ich wach werde, weiß ich nicht, wo ich bin. Jedenfalls nicht in dem Bett, in dem ich die letzten Wochen aufgewacht bin und das ich zu hassen gelernt habe. Ich sitze in einem Auto und neben mir schläft Finian. Ich frage mich, wie viele Stunden er durch die Nacht gefahren ist. Es fühlte sich an, als wären wir ganz allein auf der Welt. Der Regen und die Dunkelheit haben uns eingehüllt. Er hat leise Musik angemacht und mich aufgefordert ein wenig zu schlafen. An mehr kann ich mich nicht erinnern. Nach den Wochen, in denen ich mich hin und her gewälzt habe, um einschlafen zu können, kann ich kaum glauben, dass es nur einer Aufforderung von ihm bedurfte.

Von Philadelphia nach Oak Hill sind es fast achthundert Meilen. Wir stehen irgendwo im Nirgendwo in einer Parkbucht. Wahrscheinlich ist er müde geworden. Bei Tageslicht betrachtet, erscheint mir die ganze Geschichte wie ein Irrsinn. Leise öffne ich die Wagentür und steige aus. Die Luft ist angenehm kühl und ganz frisch. Tautropfen glitzern im Gras neben der Fahrbahn.

Das bohrende Gefühl der Trauer ist zum ersten Mal seit Wochen verschwunden, als ich die frische Luft einatme. Ich halte mein Gesicht in die Sonne.

Eine Autotür klappt zu und Finian kommt zu mir. »Bereust du es?«, fragt er. »Soll ich dich zurückbringen?«

Als ich den Kopf schüttele, macht er sich an meinen Haaren zu schaffen. Er zieht mir die Spangen und das Gummi heraus. Dann fährt er mit seinen Fingern durch die Locken. Ich spüre die Gänsehaut unter seinen Fingern und weiß nicht, ob diese von seiner Berührung kommt oder von dem Wind, der mir das Haar ins Gesicht weht. In jedem Fall fühlt es sich unglaublich gut an. Ich schließe die Augen.

»Wir sollten weiterfahren«, vernehme ich Finians raue Stimme. »Wenn du das Haus sehen willst, sollten wir vor ihnen da sein. Vielleicht schicken sie uns die Polizei hinterher.«

Ich könnte ihn beruhigen. Dad würde niemals die Polizei einschalten. Stattdessen setze ich mich wieder ins Auto. Ich streife die Pumps von meinen Füßen und mache es mir bequem. Wir hören Musik und die Landschaft rauscht an mir vorbei. Ein paar Bäume, Strommasten, niedrige Häuser, Wiesen. Es ist heiß draußen, wie drinnen. Ab und zu hält Finian an, damit ich auf Toilette gehen kann, und kauft etwas zu trinken. Wir reden nicht viel, weil es sich tatsächlich anfühlt, als hätte ich es verlernt. Mein schlechtes Gewissen plagt mich, aber ich kann ihn nicht bitten, wieder umzukehren.

Finian

Ich versuche mir meine Sorgen nicht anmerken zu lassen. Natürlich ist diese Aktion völlig verrückt, aber für eine Umkehr ist es zu spät. Ich wüsste nicht, wie ich erklären könnte, was ich getan habe. Dann kann ich es auch gleich durchziehen.

»Verrätst du mir, was das für ein Glas ist?«, frage ich Rayne. Sie hält das Ding fest umklammert, als hinge ihr Leben davon ab.

Verlegen kneift sie die Augen zusammen. »Das ist ein Wunschglas«, gesteht sie.

»Was soll das sein?« Eigentlich kann ich es mir denken, die Frage ist nur, welche unerfüllten Wünsche könnte ein Mädchen wie Rayne schon haben? Mir fällt kein einziger ein. Also bis auf die Sache mit dem Haus.

»Auf den Zetteln stehen Dinge, die ich unbedingt irgendwann mal tun möchte.«

Ich werfe ihr einen Blick zu, aber sie schaut stur geradeaus auf die Straße. »Verrätst du mir eine Sache oder ist das ein Geheimnis?«

Rayne zuckt mit den Schultern. »Nicht direkt ein Geheimnis, aber es ist ziemlich privat.«

»Was haben deine Eltern von dem Wunschglas gehalten?« Ich kann mir die Frage nicht verkneifen.

»Sie fanden es kindisch«, gesteht sie. »Es war Grannys Idee. Bei ihr konnte ich immer machen, was ich wollte. Nachdem mein Vater mir verboten hatte, zu ihr zu fahren, schlug sie vor, mir dieses Wunschglas zuzulegen.«

Das klingt noch schlimmer, als ich mir die Beziehung zu ihren Eltern vorgestellt habe. Aber ich sage lieber nichts, schließlich will ich sie nicht aufhetzen. Sie wird mit ihren Eltern klarkommen müssen, wenn diese Reise vorbei ist.

»Immer wenn mir etwas eingefallen ist, was ich gern mal machen würde, habe ich Granny einen Brief geschickt und sie hat den Wunsch in das Wunschglas gesteckt. Ich weiß selbst nicht mehr, was auf jedem Zettel steht.« Rayne lacht verlegen. »Bestimmt ist einiges davon totaler Unfug. Aber Granny hat gesagt, das würde keine Rolle spielen.«

Ich lasse das Fenster herunter. Ihre Erklärungen verursachen mir Atemnot. Mir ist schleierhaft, wie man ein Kind so drangsalieren kann. »Das Glas stand also die ganze Zeit bei deiner Großmutter?«

Rayne nickt. »Ihre Freundin Mae hat es mir nach ihrem Tod geschickt.« Sie dreht sich weg und ich weiß, dass sie weint.

Ich fahre an den Rand der Straße und halte an. Sie wischt sich über ihre Wangen. »Was ist los?«

»Ich möchte, dass du einen Wunsch herausziehst und ihn vorliest«, fordere ich sie auf.

»Wie bitte?«

»Greif in das Glas und lies einen der Zettel vor. Das sind Dinge, die du gern tun möchtest, also tun wir sie.«

»Das sind Dinge, die ich irgendwann mal machen möchte«, belehrt sie mich. »Nicht jetzt.«

Ich ziehe die Augenbrauen nach oben. »Du hast Angst.«

»Hab ich nicht«, verteidigt sie sich. »Es ist nur nicht der richtige Zeitpunkt.«

»Wann ist der richtige Zeitpunkt, wenn nicht jetzt? Ich vermute, auf den Zetteln steht nicht, dass du zum Mond fliegen möchtest oder dass du den Hunger auf der Welt besiegen willst, oder?«

Sie schüttelt den Kopf. »Obwohl das viel wichtigere Wünsche wären. Meine sind dagegen blöd.«

Sie meint das auch noch ernst. Ich nehme ihre Hand, mit der sie das Glas umklammert. »Deine Wünsche sind nicht blöd«, erkläre ich ihr. »Niemandes Wünsche sind blöd oder belanglos oder unwichtig. Im Gegenteil. Wünsche sind das Wichtigste, was wir besitzen. Sie machen uns aus. Ohne unsere Wünsche könnten wir uns direkt begraben.«

Misstrauisch sieht sie mich an. »Denkst du das wirklich?«

»Sonst würde ich es nicht sagen. Also ziehst du einen Zettel heraus, oder soll ich es tun?«

Andächtig schraubt Rayne den Deckel auf. »Ich habe noch nie einen Wunsch wieder herausgenommen. Nur immer Wünsche hineingetan.«

»Dann wird es ja wohl Zeit«, brumme ich verärgert.

Rayne greift in das Glas und rührt mit der Hand darin herum. Sie schließt die Augen und zieht einen der Zettel heraus. Mir geht auf, dass das für sie wirklich eine große Sache ist.
Ich sollte rücksichtsvoller mit ihr sein. Als sie die Augen wieder öffnet, hält sie eine lilafarbene Rolle in der Hand, die von einem kleinen Strick zusammengehalten wird. Sie presst die Lippen zusammen und fast befürchte ich, dass sie nicht nachschauen wird, was auf dem Zettel steht.

»Soll ich?«, biete ich ihr an, aber sie schüttelt den Kopf.

Bedächtig löst sie den Knoten und rollt den Papierstreifen auf. Ein Lächeln stiehlt sich auf ihr Gesicht und ich sehe, dass sie rot wird. »Es ist wirklich ein alberner Wunsch«, verkündet sie und will den Zettel zerknittern.

Streng sehe ich sie an. »Ich fahre nicht weiter, wenn du ihn mir nicht verrätst. Außer, er ist nicht jugendfrei.«

Die Röte vertieft sich. Sie ist definitiv noch unschuldig, wenn so eine harmlose Bemerkung sie schon verlegen macht. Dann reicht sie mir den Zettel und blickt mich erwartungsvoll an.

»Etwas Ungesundes essen«, lese ich vor. Damit habe ich nun nicht gerade gerechnet. Ich verkneife mir ein lautes Lachen. »Das wünschst du dir?«

Sie zuckt mit den Schultern. »Ich bekomme immer nur makrobiotische Kost, um mein Krankheitsrisiko zu minimieren. Ich würde gern Fleisch essen, obwohl ich nicht mal weiß, ob ich es mögen würde, ein weißes Brötchen oder Kuchen.« Sie sieht richtig sehnsüchtig aus. In der Klinik wurde das Essen für sie extra angeliefert.

Es kam jeden Tag frisch aus einem Sternerestaurant. Ich habe gegoogelt, was genau makrobiotisch bedeutet und weiß nun, dass Madonna und andere Stars sich so merkwürdig ernähren. Bei dem Gedanken an Vollkornreis, Hülsenfrüchte, Algen und Soja wird mir fast übel. Ich starte den Motor und lenke das Auto zurück auf die Straße. »Diesen Wunsch erfüllen wir dir noch heute. Ich habe sowieso einen Bärenhunger.«

Im nächsten Ort, den wir erreichen, fahre ich ein bisschen durch die Innenstadt, bis ich ein Diner finde. Ich will sie nicht zu McDonald‘s oder Subway schleppen. Als ich das Auto am Straßenrand parke, merke ich, wie aufgeregt Rayne ist. Als sie nach ihrem Zopfgummi greift, das ich in die Mittelkonsole gelegt habe, sehe ich sie streng an. »Wage es bloß nicht.«

Ich stecke mein Geld ein und nehme ihre Hand. »Es ist bloß ein Diner«, erkläre ich. »Nichts Besonderes. Aber für unsere Zwecke genau das Richtige.«

Rayne strahlt übers ganze Gesicht. Es ist mir schleierhaft, wie die Aussicht auf etwas Ungesundes sie so glücklich machen kann. Ich für meinen Teil freue mich, wenn ich Niamh und Mom endlich mal in ein richtig schickes Restaurant ausführen kann. So unterschiedlich können Wünsche sein.

In dem Diner ist es laut und voll. Wir bekommen trotzdem einen Zweimanntisch am Fenster und Kaffee. Rayne begutachtet das schwarze Getränk skeptisch. Es würde mich nicht wundern, wenn sie einen Rückzieher macht. Sie nippt daran und verzieht angeekelt das Gesicht. Es ist erst kurz vor elf und damit eigentlich zu früh für das Essen, das mir vorschwebt.

Als die Bedienung zurück in die Küche geht, laufe ich ihr hinterher.

Ich muss meine ganze Überredungskunst aufbieten, um sie zu überzeugen, uns etwas anderes als Rührei und Speck zu servieren.

Rayne

Nervös knete ich unter dem Tisch meine Finger und beobachte Finian, während er mit der Bedienung spricht. Sie hängt an seinen Lippen, während er seinen ganzen Charme über ihr ausschüttet. Was will er von ihr? In jedem Fall wird sie es ihm nicht abschlagen, das erkenne ich sogar auf die Entfernung. Peinlich, wie sie ihn anschmachtet. Wahrscheinlich würde sie ihm auch eine Schuhsohle braten, wenn er darum bittet. Als er zu unserem Tisch zurückkommt, lächelt er zufrieden, aber ich will gar nicht wissen, warum. Hätte er nicht irgendwas von der Karte bestellen können, wie alle anderen Leute auch?

»Alles in Ordnung?«, fragte er mich.

Ich nippe noch mal an dem Kaffee und spucke ihn kurz darauf wieder aus. Verlegen greife ich nach einer Serviette und wische mir den Mund ab. Ekliger geht es kaum.

Finian grinst. »Ich wette, du hast noch nie Kaffee getrunken«, stellt er fest.

»Natürlich nicht.« Ich schiebe die Tasse an die Tischkante. »Nur speziell gefiltertes Wasser und grünen Tee.«

»Und Chai Latte.« Er zwinkert mir zu.

»Und Chai Latte.« Bei der Erinnerung an das süße, verbotene Getränk läuft mir das Wasser im Mund zusammen. »Könnte ich das vielleicht bestellen?«

Finian schüttelt den Kopf. »Heute mache ich dich mit einem anderen amerikanischen Kultgetränk vertraut.

Wir haben jede Menge aufzuholen, da können wir nicht immer dasselbe trinken.«

Es klingt, als hätte er vor, noch eine Weile seine Zeit mit mir zu verbringen. Bei diesem Gedanken breitet sich ein warmes Gefühl in meiner Brust aus.

Finian schaufelt drei Löffel Zucker in seinen Kaffee. Ich glaube nicht, dass mir das Gebräu so besser schmecken würde. Bedächtig rührt er um und trinkt die schwarze Brühe dann. Ich schüttele mich, was ihm ein Lachen entlockt. Bevor ich einen Kommentar abgeben kann, kommt das schwarzhaarige Mädchen wieder. Sie trägt einen Teller, auf dem ich rötliche Chips erkenne, über die irgendwas Gelbes gekippt ist. Hinter ihr baut sich eine blonde Kollegin auf, die mit ein paar kleineren Schüsseln balanciert.

»Deine Bestellung«, säuselt die Dunkelhaarige und beugt sich beim Abstellen des Tellers so weit vor, dass beinahe ihre Brüste aus dem T-Shirt fallen. Ich kann nicht glauben, dass sie das tut. Finian runzelt die Stirn. Die Blonde stellt ebenfalls ihre Last ab und wackelt dann mit übertriebenem Hüftschwung davon. Ich blinzele.

Finian scheint mir die Gedanken vom Gesicht abzulesen. »Achte nicht auf sie«, sagt er leise.

»Was ist das?«, frage ich misstrauisch und wende mich den Tellern zu. Vielleicht war der Wunsch doch nicht so klug.
Ich bin nicht sicher, ob mein makrobiotischer Magen dieses Essen verträgt. Ich will mich nicht den Rest der Fahrt übergeben müssen.

»Überbackene Nachos.« Er weist auf die Schüsseln: »Käsesoße, Salsa, Sour Cream und Guacamole. Es ist fettig, scharf, kalorienreich und wirklich ungesund. Du musst alles kosten, nur so finden wir heraus, was du magst.« Er fischt einen Nacho vom Teller. Die Käsefäden zieht er einfach in die Länge, dann schöpft er mit einem Löffel Käsesoße und Salsa darauf und hält es mir vors Gesicht.

Ich öffne die Lippen und er schiebt mir den seltsamen Mix in den Mund. Seine Fingerspitzen berühren meine Lippen und lenken mich kurzzeitig von der Geschmacksexplosion ab, die sich auf meiner Zunge entfaltet. Wir sehen uns in die Augen, als ich zu kauen beginne. Erst weiß ich nicht so recht, was ich von dem halten soll, was in meinem Mund passiert. Die Marmeladenbrote meiner Großmutter durfte ich nur heimlich essen, da sie nicht den Ernährungsvorstellungen entsprachen, die meine Eltern für mich hatten. Granny und ich wussten immer, dass wir diese Sünde nicht beichten durften. Vermutlich hätte mein Vater mir die Fahrten nach Tennessee sonst viel früher verboten. Das, was ich jetzt schmecke,

ist nicht süß wie die Blaubeeren aus Grannys Garten. Natürlich nicht.
Es ist überhaupt nicht mit Blaubeeren zu vergleichen. Ich kaue genüsslich die knusprigen, warmen Chips. Es wird leckerer, je länger ich versuche, all den verschiedenen Empfindungen, Gewürzen und Geschmacksrichtungen nachzuspüren.
Die Schärfe steigt mir in die Nase und ich muss niesen. Zufrieden grinsend reicht Finian mir eine Serviette und ich schlucke die Köstlichkeit hinunter.
Ich lecke über meine Lippen, auf denen ein Rest der warmen Käsesoße klebt, während Finian mir einen neuen Nacho baut. Diesmal macht er einen weißen Klecks und etwas von der grünen Pampe drauf. Ich nehme es ihm aus der Hand, weil er mich schon genug durcheinanderbringt. Er muss dafür nicht einmal so empfindliche Körperteile wie meine Lippen berühren. »Magst du nicht?«, frage ich. »Ich schaue dir erst noch ein bisschen beim Essen zu.« Ich kaue und bin froh, dass ich auf diese Worte nichts erwidern muss. »Was schmeckt dir besser?«, fragt Finian, nachdem ich meinen Bissen heruntergeschluckt habe. Ich zucke mit den Schultern, nehme mir einen weiteren Nacho und mache mir dieses Mal die rote und die weiße Soße drauf. »Das muss ich erst noch herausfinden. Wir haben vier Soßen. Wenn ich jede mit jeder einmal kombiniere, habe ich zwölf Möglichkeiten, wie ich diese Nachos essen kann. Erst dann kann ich sagen, was ich am

meisten mag. Obwohl vermutlich die Reihenfolge der Soße keine Rolle spielt. Allerdings kann ich das noch nicht mit Bestimmtheit sagen. Also probiere ich auch das aus.«

Ich grinse ihn an, er schüttelt den Kopf, greift sich ebenfalls einen Nacho und löffelt zwei Portionen Salsa darüber. Die Hälfte der Soße tropft auf den Tisch, als er ihn zu seinem Mund führt. Er kaut und lächelt dabei. »Du hast sechzehn Möglichkeiten, wenn du es noch mit jeweils nur einer Soße versuchst.«Ich kneife die Augen zusammen. Wo er recht hat, hat er recht. Aber ich gebe mich noch nicht geschlagen.

«Achtzehn, wenn ich ein Nacho pur versuche oder nur mit Käse überbacken.« Mit gespielt verzweifelter Miene sieht er mich an und hält mir ein Nacho mit drei Soßen auf einmal vor die Nase. Ich widerspreche nicht mehr, sondern kaue genüsslich.

Als der Teller und die Schüsseln leer sind, lehne ich mich zurück. Während wir gegessen haben, hat die Bedienung zwei Cokes für uns gebracht. Finian hebt sein Glas an, in dem Eiswürfel schwimmen, und stößt damit gegen meins. »Erster Wunsch erfüllt, würde ich sagen.«

Vorsichtig trinke ich. Eigentlich will ich nicht, dass die Cola den leckeren Geschmack vertreibt, der noch in meinem Mund hängt. Die dunkle Flüssigkeit prickelt auf meiner Zunge. Der süße

Kontrast zu den würzigen Soßen haut mich um. Ich glaube, an so ein Essen könnte ich mich gewöhnen. Glücklich lehne ich mich in die rissigen braunen Lederpolster. Irgendwer hat Geld in die Jukebox geworfen, das Diner hat sich geleert und ein Countrysong erklingt. Ich kann nicht glauben, dass das gerade mein Leben ist. Es fühlt sich toll an. Normal.

»Wollt ihr noch was?«, fragt die blonde Bedienung. Die dunkelhaarige schmollt wahrscheinlich, weil Finian ihr keinen Blick mehr geschenkt hat. Er war die ganze Zeit mit mir beschäftigt, damit ich mit meinen Kombinationen nicht durcheinanderkomme.

»Wir würden gern zahlen«, antwortet er und ich kriege ein schlechtes Gewissen. Ich habe keinen Penny bei mir. Wenn wir bei Granny im Haus sind, gebe ich ihm das Geld zurück. Ich weiß, wo sie ihren Notgroschen aufbewahrt hat.

Finian

Dass ein paar überbackene Nachos sie so glücklich machen können, habe ich nicht erwartet. Ihr Strahlen, als wir das Diner verlassen, verschlägt mir die Sprache. Genau wie ihr langes Haar, durch das der Wind weht und es um ihr Gesicht wickelt. Statt es wieder zusammenzuwerfen, lacht Rayne nur und schüttelt den Kopf. Sie wirkt fast ein bisschen high. Kein Wunder - wahrscheinlich hat sie nach zwei Colas einen Koffein- und Zuckerschock. Gibt es so etwas? Vermutlich schon, wenn man ein Leben lang nur Wasser und Tee getrunken hat. Ich ziehe sie zurück, als sie über die Straße laufen will, obwohl ein Rover direkt auf uns zufährt. Sie stolpert an meine Brust und ich halte sie fest. Rayne schlingt einen Arm um meine Hüfte.»Ups.« Verlegen legt sie ihre freie Hand auf den Mund, als sie aufstoßen muss und wird rot. Ich lache. »Willkommen im Land der Kohlensäure.« Ich muss mich zwingen, ihr keinen Kuss auf die Nasenspitze zu geben. Sie ist einfach zu süß. Aber ich reiße mich zusammen, diese ganze Aktion ist sowieso ein Fehler, da muss ich nicht alles noch schlimmer machen. Auf mein Herz muss ich gut aufpassen und auf ihres noch viel mehr. Wir sind kaum losgefahren, schon kauert sie sich zusammen und schläft ein. Koffein wirkt bei ihr definitiv anders als bei normalen Menschen. Alles andere hätte mich auch gewundert.

Auf ihrem Schoß hält sie ihr Wunschglas fest und ich ertappe mich dabei, wie ich hoffe, ihr noch mehr von diesen sonderbaren Wünschen zu erfüllen. Und wenn es nur drei oder vier sind, die wir noch schaffen. Sie lächelt im Schlaf, das hat sie in der Klinik nie getan. Ich halte kurz an, drehe den Sitz weiter nach hinten, damit sie es bequemer hat, und decke sie mit meiner Jacke zu. Dann streiche ich ihr das seidenweiche Haar aus dem Gesicht. Scheint eine blöde Angewohnheit von mir zu werden.

Als ich weiterfahre, bin ich mir in einem ganz sicher: Ich werde meine ganze Willenskraft brauchen, um mein Herz vor ihr zu schützen.

Rayne

Ich weiß nicht richtig, was ich erwartet habe. Es ist fast fünf Jahre her, dass ich das letzte Mal hier war. Am meisten schockiert mich, dass alles so unverändert ist. Fast könnte man meinen, Granny tritt jeden Moment durch die Tür nach draußen. Aber das wird nie wieder der Fall sein. Denn sie ist tot. Sie liegt irgendwo auf dem kleinen Friedhof von Oak Hill und ich kenne nicht mal ihr Grab. Finian steht dicht hinter mir, während ich das Haus betrachte. Ich könnte mich an ihn lehnen und er würde mich festhalten. Ich tue es nicht.

Von den Holzwänden blättert die weiße Farbe ab. Die breite Hängeschaukel unter der Veranda, auf der ich als Kind abends so oft gesessen habe, bewegt sich leicht im Wind. Bienen summen in der Luft und bevölkern Grannys Rosen und die Lavendelbüsche, die sie so sorgfältig gepflegt hat, obwohl das in der Frühsommerhitze bestimmt nicht leicht war. Irgendwer kümmert sich um den Garten. Die meisten Häuser in der Nachbarschaft sind nur von Wiesen umgeben. Blumenbeete findet man normalerweise selten, aber Granny war alles andere als normal. Für mich war sie außergewöhnlich. Wahrscheinlich bezahlt Dad jemanden für die

Pflege, um den besten Preis für das Haus herauszuschlagen. Ich öffne die weiße Gartentür und laufe den Kiesweg entlang. An den Apfelbäumen hängen bereits kleine grüne Früchte.

Wehmütig erinnere ich mich an die Ferienwochen, die ich hier verbringen durfte. Tief atme ich den Duft von feuchter Erde ein. So riecht es nur in den Abendstunden. Ich umrunde das Haus und bin Finian dankbar, dass er bei mir bleibt, aber nichts sagt. Saftige Blaubeeren hängen an den Sträuchern. Unter der Last krümmen sich die kurzen Zweige. Granny hätte sie längst gepflückt und ihre berühmte Marmelade daraus gekocht. Vielleicht werde ich das jetzt an ihrer Stelle tun, wenn mir genug Zeit bleibt. Das Rezept kann ich aufsagen, selbst wenn man mich aus dem Tiefschlaf reißen würde. Ihr Geheimnis bestand darin, immer ein paar Rosmarinzweige mitzukochen. Das gab ihrer Kreation die persönliche Note. Der große Garten erstreckt sich bis zu einem schmalen Bach, der sich träge zwischen den Wiesen schlängelt. Mein Feenbach. Ich ziehe die Schuhe aus und kremple die Hose hoch. Dann lasse ich mich die niedrige Böschung hinunterrutschen, bis meine Füße das Wasser berühren. Es ist kälter, als ich es in Erinnerung habe.

»Sei vorsichtig«, sagt Finian, setzt sich ins Gras und sieht mir zu, wie ich über die Kieselsteine balanciere. Ich mag es, wenn sein Blick so auf mir ruht. Er passt auf mich auf, aber auf eine andere

Art als meine Eltern. Er befürchtet nicht, dass ich etwas Unüberlegtes tue, er wartet darauf.

»Es ist wunderschön hier.« Er zupft mit seinen schlanken Fingern einen Grashalm heraus, den er sich in den Mund steckt, bevor er sich hinlegt und die Augen schließt. Bestimmt ist er müde, schließlich ist er stundenlang gefahren, um mich herzubringen.

Lange wird es nicht dauern, bis meine Eltern uns aufstöbern. Wo soll ich schon hin? Sie werden sich denken können, dass ich zu Grannys Haus gefahren bin.

Ich halte meine Hände in das kalte Wasser. Nach der langen Fahrt fühle ich mich klebrig. Am liebsten würde ich mich bis auf meinen Slip ausziehen und mich in das Wasser legen, wie ich es als kleines Kind getan habe. Leider geht das nicht mehr. Ein wenig bedauere ich es. So setze ich nur einen Fuß vorsichtig vor den anderen und wate durch Schlamm und über Kieselsteine. Keine Ahnung, wann ich mich das letzte Mal so frei gefühlt habe. Ich habe schon wieder Hunger und könnte glatt noch eine Portion Nachos verschlingen. Bestimmt gibt es das Zeug auch im Diner von Oak Hill. Die Stadt ist nur zwei Meilen entfernt, aber ich will Finian nicht zumuten, noch mal ins Auto zu steigen. Morgen ist schließlich auch noch ein Tag. Selbst wenn meine Eltern jetzt auftauchen würden, hätte sich meine Flucht schon gelohnt. Ich habe etwas Ungesundes gegessen, Finian hat mein Haar befreit und ich habe Grannys Haus gesehen, davon könnte ich eine Weile zehren. Dinge, die mir gestern noch unmöglich erschienen und die nun Realität geworden sind. Ich muss diese Unmöglichkeitssache noch mal in Ruhe überdenken. Es ist mehr möglich, als ich bisher geglaubt habe. Die Vorstellung allerdings, meine Eltern könnten mich zurückholen, ohne dass ich noch wenigstens eine unmögliche Sache ausprobiert habe, ist ein unerträglicher Gedanke. Ich drehe mich um, rutsche auf einem glitschigen Stein aus, verliere das Gleichgewicht und rudere mit den Armen.

Dann lande ich im Wasser. Die Kälte fährt mir durch die Glieder. Meine Finger graben sich in den Schlick, das Wasser schlägt über meinem Gesicht zusammen. Da werde ich bereits hochgezogen. Finian lacht leise, während er mich festhält und mir die nassen Haare aus dem Gesicht streicht. »Kein Wunder, dass deine Eltern dich nicht allein losziehen lassen. Nur du bringst es fertig und stolperst in einem kniehohen Bach.«

»Schön, dass es dich amüsiert.« Ich sollte ihn wegstoßen, schließlich habe ich längst wieder festen Halt unter den Füßen, aber seine Hände auf meiner Taille fühlen sich zu gut an. Meine Knie werden weich und das kann ich nicht auf meinen Sturz zurückführen. Noch vor ein paar Wochen hätte ich nicht geglaubt, dass das anatomisch wirklich möglich ist, aber sie fühlen sich an wie Gummi.

»Ich mache dich ganz nass«, stelle ich unnötigerweise fest. Er ist mir in voller Montur hinterhergesprungen. Unter seinem nassen T-Shirt zeichnet sich seine muskulöse Brust ab. Ich muss schlucken. Ich darf ihn nicht so nah an mich heranlassen. Ich spüre seinen Atem an meinem Hals. Seine Lippen sind nur Millimeter von meiner Schulter entfernt. Zum Glück trage ich meine hochgeschlossene Bluse wie eine Rüstung.

»Störe ich?« Vom Ufer erklingt eine Mädchenstimme. »Ich kann auch später wiederkommen.«

Finian greift meine Hand und zieht mich hinter sich her aus dem Wasser, während ich versuche gegen die Sonne die Sprecherin zu erkennen. Es gelingt mir erst, als ich festen Boden unter den Füßen habe.

Das Mädchen ist ungefähr so alt wie ich, aber wir könnten nicht unterschiedlicher sein. Ihr Haar ist kurz, strubbelig und karottenrot. Dass es so eine Haarfarbe überhaupt gibt, hätte ich nicht gedacht. Außerdem ist sie winzig und zart wie eine Elfe. Den Elfeneindruck vertreibt sie mit bunten Klamotten, einem Piercing in der Nase, einem in der Lippe und Tattoos auf den Armen. Sie grinst mich und Finian an, bevor sie uns die Hand hinstreckt. »Hey. Ich bin Cassie.«

»Hallo, Cassie.« Finian findet als Erster seine Sprache wieder. »Wir sind gerade angekommen und wollten uns etwas erfrischen.«

»Das habe ich gesehen.« Ihr Blick wandert ungeniert über sein nasses T-Shirt. Dann wendet sie sich an mich. »Du bist Rayne, richtig?«

Erstaunt nicke ich. »Woher weißt du das?«

»Erstens siehst du Maggie total ähnlich und zweitens haben wir als Kinder miteinander gespielt.« Sie lacht mich an. »Okay, ich habe gespielt und du hast mir meistens etwas vorgelesen oder auf der Geige geklimpert. Du warst stinklangweilig.«

»Ich habe nicht geklimpert.«

Cassie zuckt mit den Schultern. »Für mich hat es sich so angehört.« Sie grinst dabei so spitzbübisch, dass ich ihr nicht böse sein kann. Jetzt erinnere ich mich an sie. Damals war sie nur nicht so … bunt.

»Was treibt ihr hier? Ich denke, du willst das Haus verkaufen?« Ihr so offenes Gesicht verschließt sich bei diesen Worten.

»Mein Dad will es verkaufen«, verteidige ich mich. »Ich nicht.«

»Aber Maggie hat es ausdrücklich dir vererbt. Sie meinte, du brauchst eine Zuflucht.«

Tränen treten mir in die Augen. Das ist so typisch für Granny. Leider ist das Wasser auf meinem Gesicht längst getrocknet, sodass ich sie nicht mal verbergen kann.

Finian legt einen Arm um mich. »Dann sollten wir uns die Zuflucht mal ansehen.«

Cassie springt neben uns her, während wir zum Haus gehen. »Ich habe mich um den Garten gekümmert und Tante Mae kommt regelmäßig, um drinnen sauber zu machen. Wenn ich ihr erzähle, dass du hier bist, wird sie Augen machen. Wie lange bleibt ihr? Wo sind deine Eltern? Meinst du, du kannst sie umstimmen?« Sie plappert wie ein Wasserfall. »Ihr dürft das Haus nicht verkaufen. Das gehört sich einfach nicht.«

Was soll ich darauf erwidern? Sie hat ja recht. Der Schlüssel liegt hinter einem Blumentopf, in dem eine riesige weiße Hortensie wächst. Dort versteckte Granny ihn schon, als ich noch klein war. Ich öffne erst das Fliegengitter und stecke dann den Schlüssel in das Schloss. Die Tür quietscht in den Angeln, als ich den ersten Schritt hineingehe. Ich bin zu Hause. Ich kann es selbst nicht glauben. Eine Träne tropft auf den Fußboden. Wann bin ich zu einer Heulboje mutiert? Meine zitternden Finger umklammern Finians Hand und sein Daumen streicht sacht über meinen Handrücken. Der vertraute Geruch betäubt mich.

Selbst wenn Dad das Haus verkauft, an den Duft von Staub, Äpfeln und Kräutern werde ich mich ein Leben lang erinnern. Im Flur steht eine alte Truhe, in der Granny ihre selbst gehäkelten Decken aufbewahrte, mit denen wir uns zudeckten, wenn die Abende draußen kühler wurden. Am liebsten würde ich mich sofort in eine dieser Decken kuscheln. Im Haus ist es deutlich kühler als draußen. Gänsehaut zieht über meine Arme, was kein

Wunder ist. Wir tragen immer noch unsere feuchten Klamotten. Wir folgen Cassie über den abgeschabten Holzboden in die Küche.

»Ich stelle den Boiler an, dann könnt ihr duschen«, verkündet sie und macht sich an einem Schrank zu schaffen. Sie taucht mit zwei flauschigen Handtüchern wieder auf und reicht uns jeweils eins. Er rubbelt sein Haar trocken, das danach zu allen Seiten absteht. So sieht er viel jünger aus als sonst. Danach legt er sich das Handtuch um die Schultern und setzt sich auf einen der schlichten Holzstühle im Shaker-Stil. Es versetzt mir einen Stich, dass Cassie sich hier besser auszukennen scheint als ich. Routiniert stellt sie den uralten Ofen an und schiebt tiefgefrorene Brötchen hinein, während ich nur stumm dastehe und zuschaue.

»Maggie hat gewusst, dass du kommst«, erklärt sie. »Sie hat Mae und mich gebeten, dass wir uns um dich kümmern. Ich schätze, sie wäre erstaunt zu erfahren, dass wir das gar nicht brauchen.« Sie sieht kurz zu Finian und hebt den Daumen.

Ich kann nicht anders. Ich muss lächeln.

»Ich zeige euch alles und dann fahre ich zu Mae in den Laden. Sie hat schon fast nicht mehr geglaubt, dass du noch auftauchst. Du musst damit rechnen, dass sie spätestens morgen zu Besuch kommt und sie wird nicht die Einzige sein, also macht lieber keine Dummheiten.«

Ich werde mal wieder knallrot, als ich verstehe, was sie damit meint. Ich sollte sie aufklären, dass Finian und ich nicht zusammen sind. Jedenfalls nicht so, wie sie denkt. Allerdings will sie ihn dann vielleicht für sich. Der Gedanke gefällt mir nicht.

Minuten später steht eine Tasse mit dampfendem Kakao vor mir. Außerdem zwei Holzbretter, Butter, ein Glas mit Blaubeermarmelade und eines mit Apfelgelee. »Die Brötchen brauchen noch fünf Minuten. Kleine Führung gefällig?«

Finian und ich folgen ihr in den Wohnbereich. Im Grunde ist der ganze untere Bereich offen und nur durch ein paar Holzbalken und halbhohe Wände sind Küche und Wohnzimmer unterteilt. Durch die Fenster, die mal wieder geputzt werden könnten, fällt Abendlicht und setzt helle Punkte auf die abgenutzten Sofas und Sessel. In einem liegt ein grauer Kater, der schnurrt, als Cassie ihm über das Fell streicht. »Das ist Grey. Er gehörte Maggie. Leider war er nicht dazu zu bringen, bei Mae und mir zu wohnen. Er läuft immer wieder heim, also füttere ich ihn hier«, erklärt sie. »Ich hoffe, du hast keine Katzenhaarallergie?«

Ich schüttele den Kopf und trete an einen kleinen Sekretär heran, der unter einem der Fenster steht.

Darauf liegen zwei Bücher, die ich als die Haushaltsbücher erkenne, die Granny ihr ganzes Leben lang geführt hat. Am Kopf steht eine längliche Schale, in der sorgfältig angespitzte Bleistifte liegen. Granny schrieb nur mit Bleistiften, eine Marotte von ihr, wie sie immer betonte. Dann sehe ich noch einen Stapel voller Briefe, die offensichtlich nach ihrem Tod eingetroffen sind, denn sie sind allesamt ungeöffnet. Ich klappe eins der Haushaltsbücher auf und streiche über ihre vertraute Schrift. Granny konnte sehr pingelig sein, jedenfalls was ihre Finanzen anging. Sie ist in ärmlichen Verhältnissen aufgewachsen und war immer der Meinung, man sollte genau wissen, wohin hart erarbeitetes Geld verschwindet. Ich habe keinen Schimmer, was mein Dad mit meinem Geld anstellt, aber ganz sicher verschwendet er es nicht. Er ist mindestens so geizig wie streng.

Finian betrachtet derweil das Bücherregal. Einen Fernseher wird er hier vergeblich suchen. Aber lesen kann er, bis ihm die Buchstaben zu den Ohren rauskommen. Ich muss herausfinden, ob er gern liest. Überhaupt muss ich viel mehr über ihn herausfinden. Ich habe mich ihm anvertraut und habe keinen Schimmer, wer er ist. Was er denkt. Was er vom Leben erwartet.

Wir gehen die Treppe nach oben. Die Stufen sind aus Kirschholz und das Geländer ist weiß. An der Wand hängen unzählige Bilder und Fotos. Auf vielen bin ich zu sehen. Erstaunt bemerke ich, dass es nicht nur Kinderbilder von mir sind, sondern auch Bilder aus den Jahren, in denen Dad mir nicht mehr erlaubte, herzufahren und sie zu besuchen.

Meine Mutter muss sie Granny geschickt haben. Eine andere Erklärung gibt es nicht dafür. Ob Dad davon weiß?

Cassie zeigt uns das Bad mit der Badewanne, die auf Löwenfüßen in der Mitte auf dunklen Holzdielen steht. Sie öffnet das Fenster einen Spalt und sofort bewegen sich die geblümten Vorhänge im Wind. Dann testet sie, ob warmes Wasser aus der Leitung kommt, und nickt zufrieden.

Die Zimmertür von Grannys Schlafzimmer tippt sie nur an. Ich bin noch nicht bereit, dort hineinzugehen. Wahrscheinlich weiß sie das, denn sie öffnet nun die Tür, die in den Raum führt, der früher mein Reich war. Alles ist unverändert. Das breite weiße Bett, der Schrank mit den geschnitzten Intarsien. Der kleine Schreibtisch unter den Fenstern mit dem Becher voll angespitzter Bleistifte.

»Mist, die Brötchen!«, ruft Cassie plötzlich und poltert die Treppe nach unten. Finian und ich bleiben allein zurück.

»War das dein Zimmer?«, fragt er.

Ich nicke. »Meins und davor das meiner Mutter. Sogar Granny hat hier als kleines Mädchen gewohnt.«

»Seit wann gehört das Haus deiner Familie?«

»Seit 1854«, erkläre ich wie aus der Pistole geschossen. Die Geschichte, wie Grannys Großvater in den Besitz dieses Hauses kam, kenne ich auswendig, so oft musste sie sie mir erzählen. »Meine Vorfahren waren Iren«, setze ich hinzu. »Sie verließen Irland 1849, um nicht zu verhungern. Aber nur Grannys Großvater Ian und zwei seiner kleinen Schwestern überlebten die Überfahrt. Er war damals gerade achtzehn.

Seine Mutter war zu schwach für die Reise und starb unterwegs an einer Infektion. Der Vater fiel betrunken über die Reling. Ian zog mit den Mädchen durchs Land und landete auf einer Farm in der Nähe von Nashville. Er war ein Spieler, wie sein Vater, aber er wollte seinen Schwestern unbedingt ein besseres Leben ermöglichen. Er hat das Haus beim Pokern gewonnen und danach nie wieder auch nur eine Karte angefasst. Er hatte zu viel Angst, es wieder zu verlieren. Seitdem lebt meine Familie auf diesem Stück Land.«

Finian sieht mich an und fast ist es mir peinlich, ihm die Geschichte erzählt zu haben. Bestimmt langweile ich ihn.

»Und jetzt will dein Vater es verkaufen?«

Ich nicke und bei dem Gedanken schnürt es mir die Kehle zu. »Ich werde es nicht zulassen«, bringe ich hervor und öffne die letzte Zimmertür. Dieser Raum ist viel dunkler als das Mädchenzimmer. Wenn man sich sehr anstrengt, kann man noch Grandpas Zigarrenduft erahnen, der in den dunklen Möbeln hängt, obwohl ich nicht mal eine Erinnerung an ihn habe. Ich war erst zwei Jahre alt, als er starb. »Hier kannst du schlafen«, erkläre ich. »Wenn du bleiben willst«, setze ich hinzu, als mir einfällt, dass wir nicht darüber geredet haben, was eigentlich passiert, wenn er mich hergebracht hat. Ich schätze mal, in die Klinik kann er nicht zurück. Vermutlich bekommt er sowieso jede Menge Ärger.

»Möchtest du, dass ich bleibe?« Seine Augen richten sich auf mich. Sie sind viel dunkler als sonst.

Ich möchte seinem Blick ausweichen, weil ich wieder dieses Kribbeln im Magen spüre, das ich mir verbieten will. Leider klappt es von Mal zu Mal schlechter.

»Das wäre schön«, flüstern meine Lippen, ohne dass ich es ihnen erlaubt hatte.

Die Grübchen in seinen Wangen vertiefen sich. Finian nimmt meine Hand. »Dann sollten wir etwas essen, bevor ich verhungere.«

Cassie drückt mich wie selbstverständlich an sich, als wir wieder herunterkommen. »Ich lasse euch beide jetzt mal allein. Bis später und nicht vergessen - keine Dummheiten.« Sie sieht Finian streng an und ist verschwunden.

Wir setzen uns an den Tisch und er schneidet die dampfenden Brötchen auf. Die dunkelblaue Marmelade tropft ihm aus den Mundwinkeln, als er genüsslich in das dick bestrichene Brot beißt. Es scheint ihn nicht zu stören. Mit geschlossenen Augen stöhnt er und ich muss mich zusammenreißen, um ihm das süße Zeug nicht von den Wangen zu lecken. Was hat er bloß mit mir angestellt? Solche Gedanken gehören sich nicht.

Später sitzen wir auf der Hängeschaukel auf der Veranda. Mein Kopf liegt auf seinen Beinen. Keine Ahnung, wie ich in diese Position geraten bin, aber es fühlt sich gut an. Während Finian uns immer wieder anschubst, lese ich ihm aus *Der Zauberer von Oz* vor. Ich bin nicht so geübt wie Granny. Wenn sie las, sah ich den feigen Löwen, die Vogelscheuche und den Blechmann direkt vor mir und ich schwöre, in diesen Momenten war ich Dorothy Gale. Finian scheint mein Unvermögen nicht zu stören, denn jedes Mal, wenn ich aufhören will, drängt er mich dazu, noch ein bisschen weiterzulesen. Ich kann es ihm nicht abschlagen, er hat mich hergebracht. Also lesen und dösen wir, während der Abend in die Nacht übergeht. Wir trinken Limonade und backen noch ein paar Brötchen auf. Finian schmiert sie und schneidet sie in mundgerechte Stückchen, mit denen er mich füttert, wenn er mir eine Lesepause gestattet. Wenn es nach mir geht, könnten wir für immer hier liegen.

Finian

Dieses Haus ist wirklich wunderschön und ich kann verstehen, dass Raynes Herz daran hängt. Es ist so friedlich hier, völlig unwirklich. Als gäbe es den Rest der Welt nicht und den ganzen Mist, der dort passiert. Ich wickle mir eine ihrer Haarsträhnen um den Finger und lausche ihrer Stimme. Komisch, was für eine Vertrautheit in dieser kurzen Zeit zwischen uns entstanden ist. So etwas ist mir noch nie passiert. Leider macht das die ganze Situation schlimmer und besser zugleich. Ich ertappe mich bei dem Gedanken, eine riesige Kuppel über das Grundstück zu bauen und die Welt auszusperren. Nur mit uns beiden darin. Ich würde alles dafür geben, wenn es so einfach wäre.

Die Grillen zirpen in der warmen Abendluft. Der Wind flüstert in den Bäumen. Rayne schweigt und hat das zugeschlagene Buch auf ihre Beine gelegt. Sie trägt ein kariertes Hemd, das ihrem Großvater gehört haben muss, denn es ist so lang wie ein Kleid. Wir müssen ihr unbedingt Klamotten kaufen. Bis auf diese weiße Bluse und die Omahose hatte sie nichts weiter zum Anziehen in der Klinik und ich will nicht, dass sie das Zeug noch mal trägt. Es lässt sie um hundert Jahre älter aussehen.

»Hast du Lust, noch einen Wunsch aus dem Glas zu ziehen?«, frage ich und unterbreche das Schweigen, in welches wir verfallen sind.

Rayne sieht mich an, als hätte ich sie von irgendwo zurückgeholt. Ein Strahlen breitet sich auf ihrem Gesicht aus. Dann springt sie auf und rennt ins Haus. Ihre nackten Füße wirbeln über die Holzdielen. Sie kommt mit dem Glas zurück, welches sie feierlich zwischen ihren Beinen positioniert.

»Du hast wohl Blut geleckt«, necke ich sie, weil sie so ein eifriges Gesicht macht.

Ernst sieht sie mich an. Ihre Hand verharrt über dem Deckel. Dann schüttelt sie den Kopf. »Ich will mir nur so viele Wünsche wie möglich erfüllen, bevor meine Eltern kommen«, sagt sie schließlich.

Am liebsten würde ich sie auf meinen Schoß ziehen, so traurig sieht sie aus. Ich habe sie schon viel zu nah an mich herangelassen. Es wäre klüger, ich würde morgen früh abhauen, aber das kann ich nicht. Ich muss das hier durchziehen. Ich darf nicht nur an mich denken. Das Licht der Kerzen, die Rayne auf den Rand des Geländers gestellt hat, spiegelt sich in ihren Augen. Sie sieht mich an und erwartet bestimmt irgendeinen Kommentar von mir à la *Wir schaffen das.* Aber das Letzte, was ich bin, ist ein Ritter in strahlender Rüstung. Ich kann sie nicht retten.

»Warum hast du aufgehört zu reden?« Das wollte ich sie längst fragen. Ihre Hand verharrt auf dem Glas. Ich habe die Stimmung zerstört, wird mir klar.

»Weil sie einfach nicht verstehen, was ich sage, wenn ich spreche. Sie hören mir nicht zu.«

»Verstehen sie dich denn, wenn du schweigst?«

Sie malt Kreise auf den weiß gepunkteten Deckel und schüttelt den Kopf.

»Nein. Aber es war immerhin ein Versuch. Ich wusste mir einfach nicht mehr zu helfen.« Sie sieht mich nicht mehr an und ich ahne, dass ihr dieses Geständnis peinlich ist. Dabei muss es das gar nicht.

»Ich schließe meinen Mund und spreche zu dir auf hundert schweigende Weisen. So in etwa?«, frage ich.

»Du findest es albern.«

»Ich finde es vielleicht etwas nerdig, aber auf keinen Fall albern. Von einem Mädchen, das im Kopf Schach spielen kann, muss man so etwas wohl erwarten.« Ich lege ihr einen Finger unter das Kinn und hebe ihren Kopf. Ich will, dass sie mich ansieht. Sie hat einen ungewöhnlichen Weg gewählt, um ihre Interessen durchzusetzen. Aber sie ist ja auch ungewöhnlich. Es passt zu ihr. Ihre Haut ist weich und unglaublich zart. Unsere Blicke verhaken sich ineinander. »Es gibt nicht viele Menschen, die so etwas durchziehen könnten«, sage ich leise.

»Du musst das nicht sagen. Meine Aktion war kindisch und sinnlos. Ich habe nichts damit erreicht.«

Ich sehe auf ihre Lippen. Wir sitzen so nah beieinander, dass ich mich nur ein winziges Stück vorbeugen müsste, um sie zu küssen. Aber das werde ich auf keinen Fall tun, sie hat etwas viel Besseres verdient. Ob es in diesem Glas auch einen Wunsch zu einem Kuss gibt? Ob sie überhaupt schon mal geküsst hat? So wie ihr Vater über ihr Leben bestimmt, ist das unwahrscheinlich.

»Es war nicht kindisch. Das darfst du nicht denken.« Ich lasse sie etwas zu schnell los und sehe die Enttäuschung in ihren Augen.

Ich werde ihr helfen, dieses Haus zu behalten, beschließe ich. Das kann nicht sonderlich schwer sein, wenn ihre Granny es ihr vererbt hat. Dass sie nicht selbst auf die Idee kommt, sich einen Anwalt zu nehmen, zeigt mir, wie lebensuntüchtig sie jenseits ihrer Welt ist. Wenigstens das kann ich für sie tun, wenn ich sie schon nicht küssen darf. Obwohl ich gerade nichts lieber täte.

Rayne

Ich kann meinen Blick nicht von ihm abwenden. Mein Herz versucht aus meinem Brustkorb auszubrechen, jedenfalls fühlt es sich gerade so an. Ich widerstehe der Versuchung, meine Hände auf meine Rippen zu pressen, um es davon abzuhalten. Ich sollte das nicht fühlen, weil ich nicht noch mehr Komplikationen in meinem Leben gebrauchen kann. Das Letzte, was ich jetzt tun sollte, ist, mich zu verlieben. Ich will mich schließlich gerade aus der einen Abhängigkeit befreien, da käme es ungelegen, wenn ich in die nächste direkt hineinstolpere. Allerdings macht es mir Finian sehr schwer, mein Herz nicht an ihn zu verlieren. Wäre mein Leben ein Film, dann wäre er die perfekte Wahl für die erste große Liebe. Ich muss versuchen, standhaft zu bleiben. Er ist nicht Superman oder irgendein magisches Wesen. Er kann mich nicht retten, das kann ich nur allein. Aber es ist so verdammt schwierig. Mich von ihm retten zu lassen wäre so viel leichter.

Im Grunde hat er mich bereits gerettet, oder wie immer man das nennen soll. Wenn sie uns erwischen, werden wir jede Menge Ärger bekommen. Er mehr als ich, vermute ich. Bestimmt gibt es ein Gesetz, das es Praktikanten in Sanatorien verbietet, mit

Patientinnen durchzubrennen. Ich wüsste gern, warum er das gemacht hat, aber ich werde ihn das weder fragen, noch werde ich ihn küssen.

Ich ziehe einen gerollten gelben Zettel aus dem Wunschglas und rolle ihn auf. *Eine Nacht unterm Sternenhimmel schlafen*, steht darauf. Ich lese die Worte laut vor, während ich mich daran erinnere, wann ich diesen Wunsch hatte. Es war im Sommer vor vier Jahren und es war der erste Sommer, den ich nicht in Oak Hill verbringen durfte. Ich gab ein paar Konzerte in Tokio und hatte solche Sehnsucht nach Tennessee, dass mein ganzer Körper wehtat. Ich wollte einfach nur im Gras liegen und den Wolken nachschauen, die über den Himmel jagten. Aber es war Nacht und ich war in einem dieser Wolkenkratzer eingesperrt. Granny fehlte mir, das Haus, der Duft nach Regen und frischem Heu. Ich stellte mir vor, wie ich hinausgehen und eine von Grannys selbst gehäkelten Decken auf den Rasen legen würde. Dann wollte ich in den Himmel starren, bis ich einschlief.

»Ich schätze, diesen Wunsch können wir dir direkt heute erfüllen.« Finian nimmt mir den Zettel aus der Hand und steht auf.

Ich laufe ihm hinterher. »Es ist nachts ganz schön kalt draußen.«

»Woher weißt du das, wenn du es noch nie getan hast?« Er kramt in der Kiste, die im Flur steht und ich zucke mit den Schultern, während er mir Grannys Decken auf die Arme stapelt.

»Bestimmt krabbeln Insekten durch das Gras und es wird feucht vom Tau. Wir könnten uns erkälten. Es ist besser, wir gehen einfach ins Bett.« Keine Ahnung, weshalb ich ihn von meinem Wunsch abbringen will.

Finian richtet sich auf und pustet genervt eine Haarsträhne aus seinem Gesicht. Im Flur ist es fast dunkel, nur durch die Küchentür fällt etwas Licht. »Willst du draußen auf dem Rasen liegen und in den Himmel sehen, oder in dein Zimmer gehen und schlafen?«

»Vernünftig wäre es, jetzt schlafen zu gehen«, behaupte ich störrisch. »Bestimmt bist du müde.«

Seine eine Augenbraue geht nach oben. »Wenn ich müde wäre, dann würde ich es sagen. Wenn ich müde wäre, würde ich ins Bett gehen. Also, was willst du?«

Ich drücke die Decken fester an meinen Körper. »Sterne«, sage ich und ignoriere das nervöse Brummen in meinem Magen. Finian nickt, als hätte er meine Antwort schon erwartet, und schiebt mich nach draußen. Wir laufen in Richtung Bach. Dorthin, wo uns keine Bäume den Blick versperren. Dann breitet er die Decken aus. Ich setze mich darauf und ziehe meine Knie an meine Brust.

»Im Sitzen musst du dir ganz schön den Hals verrenken, wenn du die Sterne sehen möchtest.« Er zieht mich auf, aber er lässt mir die Wahl.

Ich strecke mich aus und verschränke die Arme vor der Brust. Finian deckt mich zu und legt sich neben mich. Wir berühren uns nicht, aber die Luft zwischen uns vibriert. Ob er es auch spürt? Ich versuche mich auf den sternenklaren Nachthimmel zu konzentrieren, schließlich bin ich deswegen hier. Mein Atem wird ruhiger, je länger ich liege und mich entspanne. Finian hat die Hände hinter dem Kopf verschränkt. Ich sehe nicht zu ihm. Die Sterne leuchten hier heller als irgendwo sonst. Es müssen ungefähr eine Milliarde sein. Die Unendlichkeit berauscht mich, je länger ich nach oben schaue und darüber nachdenke. All meine Probleme verblassen und meine Existenz schrumpft auf Staubkorngröße. Ich atme freier, weil mir klar wird, was wirklich wichtig ist. Die klare Luft zum Atmen, das Wasser des Baches, der durch die Stille der Nacht rauscht, und der Himmel mit seinen unendlichen Möglichkeiten.

»Siehst du das Sternbild des Schwans?«, fragt Finian und holt mich zurück, gerade als ich denke, ich könnte fliegen.

Ich schüttele den Kopf und mein Blick folgt seinem Finger. »Es ist das Kreuz über uns.« Er fährt mit seinem Finger eine für mich unsichtbare Linie nach. »Das ist der Körper und das sind die Flügel.«

Ich sehe nur einen Haufen Sterne, aber trotzdem nicke ich.

»Zeus verliebte sich in Nemesis und forderte sie von ihrer Mutter Nyx, der Göttin der Nacht. Diese wies ihn ab. Nemesis flüchtete und verwandelte sich in eine Wildgans. Zeus nahm die

Gestalt eines Schwanes an und flog ihr hinterher. Du kannst dir vorstellen, was dann geschah.«

Jetzt muss ich doch zu ihm sehen, was sich als Fehler herausstellt. Ich schlucke, als seine Augen mich in der Dunkelheit anfunkeln.

»Nemesis und Zeus bekamen eine Tochter. Sie nannten sie Helena.«

Ich lege mich auf die Seite. »Die schöne Helena?« Ich kenne mich in griechischer Mythologie nicht sonderlich gut aus, aber über die Geschichte von Paris und Helena weiß ich Bescheid.

»Genau die, um derentwegen der Trojanische Krieg entbrannte.«

»Ich verstehe nicht, wie sie das zulassen konnte. So viele Menschen sind gestorben, weil sie mit Paris zusammen sein wollte.« Ich lege mich wieder auf den Rücken. »Das war unvernünftig und unnötig.«

»Nicht jeder von uns kann immer vernünftig sein«, widerspricht Finian. »Manchmal müssen wir unserem Herzen folgen.«

Mit zusammengekniffenen Augen mustere ich ihn. Jungs sagen solche Sachen nicht, das weiß sogar ich.

Er hat sich auf einen Arm gestützt und mustert mich. Sein spöttisches Lächeln ist verschwunden.

»Nicht, wenn so viel auf dem Spiel steht.«

Er presst kurz seine Lippen zusammen und lässt sich wieder auf den Rücken fallen. »Du hast recht. Zum Glück ist es nur eine Legende. Sie hätte bei Menelaos in einer unglücklichen Ehe bleiben sollen.«

Ich fühle mich schlecht, als hätte ich ihm etwas weggenommen. »Kennst du noch ein Sternbild?«

»Siehst du den hellen Stern fast am Ende des Schwans?« Wieder fährt Finian unsichtbare Linien ab. »Das ist Deneb. Dieser Stern bildet mit Wega und Altair das Sommerdreieck.«

Das Dreieck kann ich tatsächlich sehen, aber mir hat die Geschichte des Schwans besser gefallen. »Bist du mir böse?«

Finian setzt sich auf. »Warum denkst du das?«

Ich zucke mit den Schultern und komme mir dumm vor.

Er beugt sich zu mir. »Dir muss nicht alles gefallen, was ich mag. Wenn du findest, Helena war ein selbstsüchtiges Mädchen, dann ist das okay. Ich glaube, sie hat für ihre Liebe zu Paris einfach etwas gewagt und sie wusste nicht, was für eine Katastrophe sie damit heraufbeschwor. Aber das ist meine Meinung. Du darfst anders darüber denken.« Eindringlich sieht er mich an. »Ich bin dir nicht böse«, setzt er leise hinzu und ich atme erleichtert aus. Bevor ich mich versehe, sitze ich zwischen seinen Beinen. Er legt meinen Kopf auf seine Schulter, sodass ich nach oben schauen muss. Es ist mir so was von egal, ob ich mir den Hals verrenke. »Altair ist auch Teil des Sternbildes Adler. Der

Adler war das Lieblingstier des Zeus und sein Diener. Er holte die Donner zurück, die sein Herr aussandte, er entführte für Zeus den Jüngling Ganymed und brachte ihn in den Himmel. Er flog jede Nacht in den Kaukasus, um an der Leber des Prometheus zu picken«, erzählt Finian und seine Stimme klingt atemlos an meinem Ohr. Ich schmiege mich enger an ihn, obwohl ich weiß, dass es falsch ist. Leider fühlt es sich richtig an. Ich kenne diesen Jungen kaum, aber hier mit ihm in der Dunkelheit zu sitzen und mir Sternbilder erklären zu lassen, ist alles, was ich gerade will. Er zeigt mir das Sternbild des Delfins und erzählt mir die Geschichte von Poseidon und der Nereïde Amphitrite.

Den Pfeil kann ich beim besten Willen nicht sehen, obwohl er mir die einzelnen Sterne auf meinen Arm zeichnet. Alles, was ich sehe, ist die Gänsehaut, die sich ausbreitet, während er die Punkte mit seiner Fingerspitze verbindet. Ich lausche seinen Worten, während er von Herkules und Pegasus erzählt. Seine Stimme streichelt mich und seine Finger gleiten unablässig über meine Haut.

Als ich aufwache, taucht die Morgensonne den Horizont in orangefarbenes Licht. Ich kann mich nicht bewegen, denn Finian hält mich fest. Sein linkes Bein liegt über meinem. Mein Kopf ruht an seiner Brust und ich spüre seine Lippen an meinem Scheitel. Er atmet so gleichmäßig, dass ich sicher bin, er schläft noch. Mir ist warm, aber ich rühre mich nicht. Grannys Decken hüllen uns ein.

Ich atme seinen Duft ein. Er riecht nach Erde, Tau und Mann. Meine Hand rutscht unter sein Hemd. Er trägt kein T-Shirt darunter. Es ist nur ein Versehen, rede ich mir ein. Seine Haut glüht und ich weiß genau, welche Farbe sie hat. Ich kann leider nicht anders, sondern bohre meine Nase tiefer in seine Brust. Er knurrt und zieht mich näher an sich. Der Stoff seiner Jeans schabt über meine nackten Beine. Seine Bartstoppeln drücken sich in meine Stirn. Ich sollte ihn loslassen und ins Haus gehen. Aber ich kann nicht. Etwas passiert mit mir und der Wunsch, in ihn hineinzukriechen, wird immer drängender. Meine Hand wandert seinen Rücken nach oben.

»Rayne«, flüsterte Finian. »Lass das.«

Diese drei Worte sind wie eine kalte Dusche. Ich ziehe meine Hand weg, als hätte ich mich verbrannt. Meine Kehle ist wie zugeschnürt. Ich weiß nicht, was ich machen soll. Aufstehen und zum Haus rennen, wäre eine Option. Was habe ich mir nur dabei gedacht? Er rührt sich nicht. Er rückt nicht von mir ab und er steht auch nicht auf. Ich spüre seinen rasenden Herzschlag an meiner Brust.

»Es ist besser so, glaub mir.« Seine Hand streicht über mein Haar.

Ich sollte ihm dankbar sein, immerhin versucht er, seine Abfuhr nett zu verpacken. Ich nicke, drehe mich von ihm weg und stehe endlich auf. Den Rest Würde, den ich noch habe, kratze ich zusammen. »Ich gehe dann mal duschen.« Ohne die Decken ist es empfindlich kalt. Ich trage nur Grandpas Lieblingshemd, das Granny über all die Jahre aufbewahrt und immer wieder gewaschen hat. Meine nackten Füße laufen durch das taufeuchte Gras. Ich versuche nicht zu rennen, aber als ich im Haus bin, haste ich die Treppe in mein Zimmer hinauf. Ich lehne mich von innen gegen die Tür und schüttele über mich selbst den Kopf. Wütend krabbele ich unter die dicke Decke mit der Röschenbettwäsche und ziehe sie über mich. Als Finian später an die Tür klopft, ignoriere ich ihn. Ich kann ihn jetzt nicht ansehen.

Finian

Ich musste sie stoppen, verteidige ich meine Reaktion. Ihre Hand zu spüren, die unter meinem Hemd auf Wanderschaft ging, war ein irres Gefühl. Dabei war es nur eine Hand. Auf meinem Rücken. Ich hatte sie viel zu fest an mich gezogen. Ich hätte letzte Nacht auf Abstand bleiben müssen. Aber sie macht es mir verdammt schwer. Ständig habe ich das Bedürfnis, sie anzufassen. Das ist nicht normal. Ich musste meine ganze Willenskraft aufbieten, um sie nicht zu küssen, an mich zu ziehen, mich in ihr zu versenken. Sie für mich zu beanspruchen. Das darf ich nicht. Unter keinen Umständen. Diese ganze Sache hat keine Zukunft. Sie muss erst mal sich selbst finden, bevor … bevor was? Sie sich verlieben darf? Bevor sie etwas Verrücktes tun darf? Bevor wir eine Grenze überschreiten, die wir nicht gezogen haben? Ich habe ihre Gefühle verletzt, dabei ist das das Letzte, was ich wollte. *Aber es war richtig*, verteidige ich mich, packe die Decken zusammen und folge ihr ins Haus. Ich werde ihr Zeit lassen, sich zu sammeln. Unter der Dusche ist sie nicht. Ich klopfe an ihre Zimmertür, aber sie antwortet nicht. Am liebsten würde ich mit der Hand dagegen hämmern, in dieses Zimmer gehen und ihr sagen, dass es mir leidtut. Dass ich es nicht gesagt habe, weil ich sie nicht will, sondern weil ich sie zu sehr will. Am liebsten würde ich sie küssen, bis uns Hören und Sehen vergeht.

Stattdessen gehe ich in die Küche, backe Brötchen auf und setze mich auf die Veranda. Ich sollte zurückfahren. Ich könnte ihr einen Zettel schreiben und ihr alles erklären. Warum ich sie hergebracht habe, warum ich sie abgewiesen habe, warum ich sie verlassen muss. Ihre Eltern werden kommen, wenn nicht heute, dann morgen. Sie wird wieder mit ihnen sprechen. Ich glaube nicht, dass sie erneut schweigt, nachdem sie ihr Schweigen einmal gebrochen hat. Ich raufe mir die Haare und weiß nicht, was ich machen soll. Diese Sache bin ich völlig falsch angegangen. Es ist schlimm, dass ich mir diese Gedanken mache. Aber ich weiß nicht, wie ich es abstellen kann. Seit ich sie das erste Mal gesehen habe, stumm mit diesem festen Zopf, der ihre Gesichtszüge erstarren ließ, mache ich mir Gedanken über sie. Ich kriege sie nicht aus meinem Kopf, schon gar nicht, wenn sie mich mit ihren hellblauen Augen ansieht. Ich kann sie nicht alleinlassen, aber ich kann sie in Ruhe lassen. Auf Abstand halten. Genau das werde ich tun. Es ist die beste Entscheidung, die ich jemals getroffen habe.

Als sie irgendwann die Treppe herunterkommt, ist sie frisch geduscht. Ihre Haare sind noch feucht und schimmern so viel dunkler als sonst. Sie hat sie wieder zu diesem verdammten Zopf gebunden. Es kommt mir vor, als hätte sie jetzt eine Grenze zwischen uns errichtet. Ich sollte erleichtert sein und verzichte darauf, ihr das Zopfgummi abzureißen und mit meinen Fingern durch ihr Haar zu fahren. Ich verzichte darauf, sie an mich zu ziehen und sie zu schmecken. Es ist besser so. Für uns beide. Leider habe ich keine Ahnung, wie lange ich das durchhalte.

Ich vergrabe die Hände in meinen Hosentaschen, damit ich nicht in Versuchung geführt werde, sie zu berühren, und sehe ihr entgegen. »Bist du hungrig?« Hoffentlich hört sie das Zittern in meiner Stimme nicht. Wann bin ich so ein Waschlappen geworden?

Sie schüttelt den Kopf und ich verkneife es mir, sie darauf hinzuweisen, dass es fast Mittag ist und sie noch nichts gegessen hat.

»Ich würde gern in die Stadt fahren«, sagt sie. »Ich brauche ein paar Klamotten. Es wäre sehr nett, wenn du das noch mit mir erledigen würdest, bevor du fährst.«

Ich bin wie vor den Kopf geschlagen, aber was habe ich eigentlich erwartet? »Möchtest du, dass ich fahre?«, frage ich so sanft wie möglich. Sie kommt mir so zerbrechlich vor wie eine Christbaumkugel. Als würde sie bei der kleinsten falschen Bewegung zerspringen.

Jetzt muss sie mich anschauen, sie kann es nicht mehr vermeiden. »Ich dachte«, setzt sie an und stoppt gleich wieder.

»Ich nahm an … Ich möchte dir nicht zur Last fallen.« Sie fährt sich über ihr Gesicht und ich erlöse sie.

»Wenn du möchtest, dass ich bleibe, dann bleibe ich. Wenn du allein sein willst und möchtest, dass ich fahre, dann fahre ich. Du musst dich nur entscheiden. Ich würde gern bleiben«, setze ich vorsichtshalber hinzu. Denn ich will nicht gehen und das soll sie wissen. Ich sehe, wie es hinter ihrer Stirn arbeitet.
Ich habe noch nie jemanden getroffen, der sich so schwer mit Entscheidungen tut und der ständig darüber nachdenkt, ob er jemanden mit seinen Entscheidungen verletzt.

Nach einer Weile nickt sie. »Es wäre nett, wenn du bleibst.«

Ich greife nach meinem Autoschlüssel. »Dann lass uns shoppen gehen.« Erleichterung durchflutet mich. Sie hat mich nicht fortgeschickt. Ich kann es noch geradebiegen. Ich kann ihr helfen, ich kann ihr Freund sein. Das genügt mir. Vorerst. Wenn ich ehrlich zu mir bin, wäre ich auch geblieben, wenn sie gesagt hätte, ich solle mich zum Teufel scheren. Vermutlich hätte ich im Garten gecampt. Niemals hätte ich es übers Herz gebracht, sie allein zurückzulassen.

Rayne

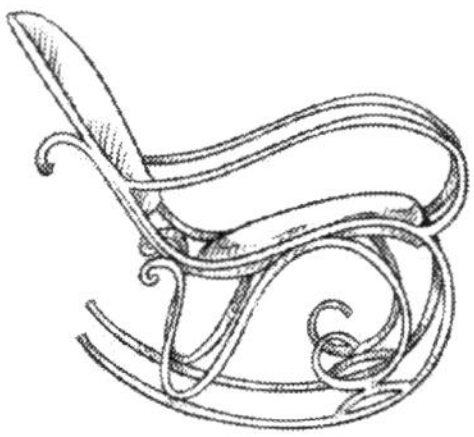

Er ist noch da und ich bin froh darüber. Nach meinem plumpen Anmachversuch hätte es mich nicht gewundert, wenn er einfach abgehauen wäre. Er hat mir die Entscheidung überlassen, ob er bleiben soll. Es wäre klüger gewesen, ihn wegzuschicken. Offensichtlich bin ich nicht besonders klug. Jedenfalls nicht im Umgang mit Menschen.

Ich gehe in die Küche. Granny hat im Schrank über dem Ofen ihren Notgroschen versteckt. Ich finde das Geld in einem Glas. Es ist jede Menge Geld - über anderthalbtausend Dollar.

Sie hat immer alles, was sie mit ihren Marmeladen verdient hat, in dieses Glas gesteckt und ist davon einmal im Jahr mit ihren Mädels verreist.

Meist nach Florida. Traurigkeit erfasst mich, als mir klar wird, dass ihre Freundinnen dieses Jahr im August ohne sie fahren müssen.

Ich reiche Finian einhundert Dollar und hoffe, dass das die Benzinkosten und meinen Anteil an den Nachos deckt. Ich will ihm nichts schuldig sein. Natürlich sträubt er sich, aber ich weigere mich, dass Geld zurückzunehmen. Es nervt ihn, aber am

Ende steckt er es doch ein. Ich habe keinen blassen Schimmer, was Benzin kostet, geschweige denn so ein ungesundes Essen.

Schweigend fahren wir in die Stadt. Die Atmosphäre zwischen uns hat sich verändert und ich bin schuld daran.

Oak Hill ist eigentlich eher ein Städtchen. Die Hauptstraße wird von kleinen Geschäften gesäumt und dahinter verstecken sich die flachen Häuser der Einheimischen. Finian parkt am Anfang der Straße und dann schlendern wir sie nebeneinander herunter. Obwohl er so nahe neben mir geht, dass unsere Hände sich fast berühren, erscheint er mir meilenweit entfernt. Aber vielleicht bin ich es auch, die meilenweit weg ist.

»Was willst du kaufen?«, fragt er nach einer Weile.

Ich habe keine Ahnung, bisher war immer meine Mom mit mir einkaufen gegangen und hat entschieden, was ich trage. Klamotten waren nie ein Thema für mich.

Ich sehe mich um, ob Mädchen in meinem Alter zu sehen sind, als ich Cassie entdecke. Sie winkt uns von der anderen Straßenseite aus zu und leckt an einem riesigen Eis. Dann läuft sie über die Straße und umarmt mich. »Ich habe schon nach euch Ausschau gehalten. Noch zehn Minuten und Tante Mae wäre rausgefahren. « Sie greift meine Hand und zieht mich hinter sich her. Hilfe suchend schaue ich zu Finian, der nur mit den Schultern zuckt und uns grinsend in den kleinen Laden folgt, der ein Stück die Straße runter liegt. Ich erkenne ihn sofort wieder. Hier war ich oft mit Granny und saß in dem großen Schaufenster, wenn sie und Mae den neuesten Klatsch austauschten. Ich schaue mich um. In den letzten Jahren hat sich kaum etwas verändert. Die Waschmittelkartons stehen immer noch neben den Stiegen mit Kartoffeln und Karotten. Auf dem Tresen stehen Gläser mit losen Gummiwürmern und Bonbons. Es riecht nach Lakritze, getrockneten Chilischoten, die von der Decke hängen, und frisch gebackenem Brot. Mir läuft das Wasser im Munde zusammen. Tante Mae kommt aus dem Hinterzimmer. Der Vorhang, der ihr Büro, wie sie den zwei Quadratmeter großen Raum nennt, vom Laden abtrennt, klirrt leise. Als sie mich sieht, treten ihr Tränen in die Augen und sie zieht mich an ihre große Brust. Ich fühle mich wie mit sechs Jahren, als sie mir heimlich Lutscher zusteckte. Ich könnte schwören, sie trägt immer noch dieselbe Schürze, die schon damals um die Hüfte gespannt hat. Dann schluchzt sie, hält mich etwas von sich weg und betrachtet mich abschätzend. »Du bist viel zu dünn. Was haben sie nur mit dir angestellt, Mädchen.«

Finian hinter mir brummt zustimmend. »Sie hat heute noch nichts gegessen.« So ein Verräter. Mae schlägt die Hände vor den Mund. Ihre Pustewangen beben vor Erregung und ihre dauergewellten Haare locken sich noch mehr. Jedenfalls sieht es so aus. Sie entwickelt eine rasende Geschäftigkeit, die Cassie nutzt, um mich und Finian zu einem der drei Tische zu ziehen, an denen man auch Lunch oder Frühstück bekommt. Schneller, als ich gucken kann, steht eine dampfende Schüssel Süßkartoffelsuppe vor mir und auf einem Teller liegen Biscuits, die dick mit Butter bestrichen sind.

»Iss!«, befiehlt Mae und ihre Miene drückt aus, dass sie mich nicht eher gehen lässt, bis ich die Schüssel ausgeleckt habe. Cassie und Finian grinsen schadenfroh, als Mae auch noch laut verkündet: »Es ist eine Schande, dass deine Mutter dich nur diese Körner essen lässt. Aber mit ihr hat schon immer etwas nicht gestimmt. Ich habe mich oft gefragt, von wem sie das hatte. Und nachdem sie deinen Vater geheiratet hat, wurde es nur schlimmer. Irgendeiner dieser sturen irischen Vorfahren muss daran schuld sein. Von dem hatte sie auch die roten Haare.«

»Rote Haare?« Ich verschlucke mich an der Suppe. »Sie hat immer behauptet, sie hätte dieselbe Haarfarbe wie ich.«

Mae winkt ab. »Alles großer Quatsch. Sie waren knallrot. Das hat sie immer gestört.«

Eigentlich müsste ich meine Eltern verteidigen, aber ich bringe es nicht über mich. Schon gar nicht, nachdem ich von dem Brot abgebissen habe. Wie konnte man mir so etwas Leckeres vorenthalten?

Cassie hat ganz runde Augen, als ich ihr fünf Minuten später die Schüssel hinhalte und um eine zweite Portion bitte. Finian schaut mich irgendwie mit Besitzerstolz an, als hätte er einen Anteil an meinem Appetit. Ich esse die zweite Portion auf und muss danach den Knopf meiner Hose öffnen. Ich glaube, ich platze. Finian entgeht das nicht und vor Verlegenheit wird mein Gesicht heiß.

Netterweise sagt er nichts, sondern wendet sich an Cassie. »Rayne braucht dringend neue Klamotten. Wo können wir etwas kaufen?«

»Am Ende der Straße gibt es einen Laden. Kann ich mitkommen?« Sie hüpft vor Begeisterung. Vermutlich ist es in Oak Hill etwas langweilig für sie. Ich nicke, weil ich noch nie eine Freundin hatte, mit der ich einkaufen gegangen bin. Bevor wir losgehen, bitte ich Mae darum, telefonieren zu dürfen. Ich habe keine Ahnung, ob es falsch ist, aber ich möchte meinen Eltern wenigstens mitteilen, dass es mir gut geht. Ich rufe bei uns zu Hause an und bin erleichtert, dass nur der Anrufbeantworter anspringt. Rosa, unsere Haushälterin, wird ihn abhören und meine Eltern benachrichtigen. Komisch eigentlich, dass sie nicht längst aufgetaucht sind. So schnell der Gedanke mir gekommen ist, so hastig verdränge ich ihn wieder.

Wir verabschieden uns von Mae, die mir das Versprechen abnimmt, mit ihr zum Friedhof zu gehen, sie zum Abendessen zu besuchen und zum Dorffest am Wochenende zu kommen. Da ich dann sicher nicht mehr hier bin, sage ich mit einem winzigen schlechten Gewissen zu. Glücklich winkt sie uns hinterher.

Der Weg zu dem Laden mit den Klamotten entpuppt sich als Hindernislauf. Irgendwie hat sich herumgesprochen, dass ich hier bin. Aus allen Läden kommen die Inhaber, um mich zu begrüßen. Mr. Olsen aus dem Schreibwarenladen kneift mir in die Wange und erzählt mir, wie groß ich geworden bin. Pippa und Fips, Grannys andere beste Freundinnen, kommen aus ihrem Café gewatschelt, in dem sie Donuts und Cookies verkaufen, und fallen unter Tränen erst mir, dann Finian um den Hals. Lautstark bedanken sie sich bei ihm, dass er mich hergebracht hat und es klingt fast ein bisschen so, als hätte ein Prinz die Prinzessin vor einem Drachen gerettet. Mr. Cast, der Bestatter, erklärt uns lang und breit, weshalb er noch keinen Stein auf Grannys Grab setzen konnte und so geht es weiter. Für die zweihundert Meter brauchen wir fast eine Stunde. Ich kenne die Menschen alle, auch wenn ich den ein oder anderen Namen vergessen habe. Sie begrüßen mich mit einer Herzlichkeit, dass ich mehr als einmal fast anfange zu weinen. Irgendwann wird es Finian zu viel. Er legt einen Arm um mich, zieht mich von dem alten glatzköpfigen Owen weg. Er betreibt das Geschäft seiner Eltern, verkauft dort jede Menge Wolle und Knöpfe und hat Granny mindestens einmal im Jahr einen Heiratsantrag gemacht. Unter den Ahs und Ohs, was ich mir für einen netten jungen Mann geschnappt habe, der so besorgt um mich ist, schiebt Finian mich in den Klamottenladen. Kaum hat sich die Tür hinter uns geschlossen, lässt er mich jedoch los, als hätte er sich verbrannt.

Bei mir fühlt es sich jedenfalls so an. Ein glühender Streifen legt sich um meinen Nacken.
Ich sehe ihn nicht an, sondern schlendere mit Cassie durch die Reihen mit den Ständern, an denen Blusen und T-Shirts hängen.

»Was brauchst du?«

»Alles«, antworte ich. »Ich habe nur das mit, was ich anhabe.«

»Seid ihr durchgebrannt?« Cassies Augen funkeln neugierig, und ich nicke. Abstreiten hat keinen Zweck, aber ich will ihr auch keine großen Erklärungen geben.

Sie akzeptiert es und dringt nicht in mich. Stattdessen schiebt sie mich in eine Umkleidekabine und ruft laut: »Sheryl, komm raus! Kundschaft!«

Der Vorhang der gegenüberliegenden Kabine wird beiseitegeschoben und heraus kommt eine schlanke, vielleicht fünfundzwanzigjährige Frau mit total verstrubbelten Haaren. Während ich sie noch verwirrt anschaue, folgt ihr ein gleichaltriger Mann, der uns angrinst und sein T-Shirt in seine Jeans steckt. Er gibt dieser Sheryl einen Kuss und verschwindet pfeifend.

Cassie schüttelt den Kopf, woraufhin das Mädchen, das offensichtlich Sheryl ist, kichert. »Lasst euch nur nicht von Morgan erwischen«, sagt Cassie. »Sie ist scharf auf Jake und er hat ihr versprochen, mit ihr zum Fest zu gehen.«

»Jetzt geht er mit mir«, verkündet Sheryl und sieht aus wie eine Katze, die heimlich Milch geschleckt hat.

»Nicht meine Sache. Wir brauchen Klamotten für Rayne«, wechselt Cassie das peinliche Thema. Schließlich geht es Finian und mich nichts an, wer hier mit wem rummacht.

Sheryls Blick wandert zu Finian und die dumme Kuh leckt sich jetzt tatsächlich die Lippen. Er erwidert den Blick mit einem Grinsen. Ich balle meine Fäuste.

Cassie schnipst vor ihrer Nase. »Klamotten für Rayne.«

»Hab ja schon verstanden«, murrt Sheryl und beginnt durch den Laden zu laufen. Weder fragt sie mich, welche Größe ich habe, noch welchen Stil ich bevorzuge, aber alles, was sie mir bringt, passt wie angegossen und gefällt mir. Ich mag die weichen Jeans und die Pullis, die sie anschleppt. Die Sommerkleider und die Hotpants, obwohl ich die nie anziehen werde. Dann könnte ich gleich nackt herumlaufen. Allerdings registriere ich, wie sich Finians Ohrläppchen verdächtig röten, als ich mich in dem Höschen vor dem Spiegel drehe. Vielleicht nehme ich eins davon mit, man kann ja nie wissen. Ich fühle mich direkt ein wenig verrucht. Vor allem, als Sheryl und Cassie mich in das Hinterzimmer mitnehmen, in dem die Unterwäsche verkauft wird und mit Unterwäsche meine ich keine Baumwollschlüpfer. Bei diesem mageren Angebot an normalen Höschen und BHs stellt sich mir die Frage, welche Unterwäsche Tante Mae trägt. Als ich Sheryl und Cassie darauf anspreche, kriegen die zwei sich vor lauter Lachen kaum noch ein. Sie stopfen rote und schwarze Stofffetzen in eine Tüte und ignorieren meinen Widerspruch.

Als Finian und ich den Laden mit unzähligen Tüten verlassen, raunt Sheryl mir zu: »Schnapp ihn dir. Er ist süß.« Sie grinst und kaut ihren Kaugummi. Ich glaube, ich mag sie doch.

Schweigend laufen wir zum Auto zurück. Ich habe in den letzten zwei Stunden so viel gelächelt und getratscht, dass mir meine Mundwinkel wehtun. Finian stellt die Tüten in den Kofferraum. »Wir sollten noch Lebensmittel einkaufen. Es sei denn, du willst in den nächsten Tagen von Aufbackbrötchen und Blaubeermarmelade leben.«

Essen einkaufen? Ich habe das noch nie gemacht. Wie irgendwie alles, was ich in den letzten Tagen tue. Kochen kann ich auch nicht, also weiß ich nicht mal, was ich kaufen soll. Auf keinen Fall esse ich Tofu, Quinoa oder Nüsse. Zumindest nicht, solange ich hier bin. Wahrscheinlich bekommt man in Oak Hill gar keinen Tofu.

»Worauf hast du Appetit?«, fragt Finian, aber ich zucke nur hilflos die Schultern. »Ich koche uns Nudeln«, bestimmt er. »Mit Hühnchen und Tomatensoße. Das wird dir schmecken.«

Wir gehen zurück in Maes Laden. Staunend beobachte ich ihn dabei, wie er mit Grannys bester Freundin darüber fachsimpelt, welche Gewürze noch im Haus sind und welche Lebensmittel er bis zum Wochenende braucht.

Bis zum Wochenende, kann ich nur denken. Die Vorstellung, noch fünf Tage mit ihm in Grannys Haus zu verbringen, verursacht mir zugleich Herzschmerzen, Magenkrämpfe und Glücksgefühle. Wir werden zusammen sein. Er wird für mich kochen und mir vielleicht noch ein paar Sternbilder zeigen. Womöglich ziehe ich noch einen Wunsch aus meinem Wunschglas. Und ich werde versuchen, seine Freundin zu sein. Nur seine Freundin.

Das ist der Gedanke, der mir die Herzschmerzen beschert, denn leider will er nicht mehr und ich akzeptiere das. Alles andere wäre Wahnsinn.

»Gibt es eigentlich einen Anwalt hier? Hat er das Testament eröffnet?«, fragt Finian Mae, kurz bevor wir gehen.

Sie nickt. »Ihr müsst unbedingt zu Mr. Sparks gehen. Sicher wartet er schon auf euch.« Sie klopft Finian auf den Arm. »Es ist so schön, dass du dich darum kümmerst.«

Ich bin anscheinend nur Luft. Allerdings wundert mich das nicht. Ich hätte selbst daran denken müssen, aber mein Gehirn ist derzeit irgendwie blockiert. Ständig frage ich mich, warum er mich nicht will. Dabei war mir doch nichts wichtiger, als das Haus zu retten. Mein Vater lacht sich wahrscheinlich ins Fäustchen. Wenn morgen die Käufer vor der Tür stehen, bin ich selbst schuld.

Finian

Wir fahren zurück zum Haus. Eine Regenwolke schiebt sich vor die Sonne. Gerade als wir alles hineingetragen haben, öffnet sie ihre Schleusen und die Wassermassen prasseln auf die trockene Erde, die sie gierig aufsaugt. Ich verstaue die Einkäufe in den Küchenschränken, koche Tee und setze Wasser für die Spaghetti auf. Dann suche ich die Telefonnummer von diesem Mr. Sparks heraus. Rayne ist mit den Klamottentüten nach oben verschwunden. Bestimmt probiert sie alles noch mal an. So machen das normale Mädchen jedenfalls. Ich seufze und beginne eine Zwiebel klein zu schneiden. Es besteht Hoffnung für sie. Ich habe sie mit Cassie und Sheryl beobachtet. Die beiden sind völlig verrückt und das krasse Gegenteil von Rayne, aber sie braucht dringend solche Freundinnen. Mädchen, die ihr zeigen, wie man sich holt, was man will und wie man dafür kämpft, um es zu bekommen. Solange nicht ich es bin, den sie will. Ich bin verbotene Zone.

Die Treppe knarrt und erstaunt sehe ich ihr entgegen. Sie trägt eine Jogginghose und einen weiten bequem aussehenden Pulli. Ihre Haare sind offen und ihre Füße nackt. Selbst wenn sie diese scharfen Hotpants angezogen hätte, könnte ich sie nicht mehr wollen. Also keine Modenschau vor dem Spiegel, kein Versuch,

mich mit hautengen Klamotten zu verführen. Ich sollte erleichtert sein, aber ich bin es nicht.
Der Wunsch, meine Hände unter den Pulli zu schieben und sie auf die nackte Schulter zu küssen, die das zu große Teil entblößt, wird übermächtig.

»Autsch! Scheiße!« Ich habe mir in den Finger geschnitten. Warum musste ich sie auch so anstarren? Ich stecke mir den Finger in den Mund und lutsche daran, um die Blutung zu stoppen. Es war eine blöde Idee hierzubleiben. Rayne läuft zu mir und nimmt meine Hand in ihre. Ihre Augen sind vor Schreck aufgerissen. So schlimm ist so ein Schnitt nun auch wieder nicht. Jedenfalls nicht bei mir. Für eine Geigenspielerin wahrscheinlich schon. Sie läuft ins Bad und kommt mit einigen Pflastern zurück. Trotz meiner Proteste verarztet sie mich etwas ungeschickt, dann wischt sie das Blut von meiner Hand. Ich halte ihre Berührungen fast nicht aus, wenn sie noch länger an meinem Arm herumhantiert, muss ich sie leider küssen. Sie sieht so hoch konzentriert aus, als arbeitete sie an meinem offenen Herzen und irgendwie tut sie das ja auch. Als sie ihr Werk betrachtet, muss ich mir ein Lachen verbeißen. Der Daumen blutet nicht mehr, aber dafür klebt ein Wust von Pflastern darauf. Rayne scheint stolz auf ihre Leistung zu sein, denn sie strahlt.

Ich wackele mit dem Daumen. »Ich fürchte, du musst mir beim Schneiden helfen.« Sie nickt eifrig und nimmt das Messer so in die Hand, als wollte sie mich damit erstechen.

»Vorsichtig«, ermahne ich sie. Dann stelle ich mich hinter sie, lege ihr das Messer richtig in die Hand und zeige ihr, wie man Zwiebeln schneidet.

Sonderlich geschickt stellt sie sich nicht an, was daran liegen kann, dass die Hand zittert, in der sie das Messer hält. Wenn ich es genau betrachte, dann zittert nicht nur ihre Hand. Es ist ihr ganzer Körper. Ich sollte sie loslassen. Ich sollte nicht so nah hinter ihr stehen. Zwischen uns passt nicht mal ein Blatt Papier. So nah wollte ich ihr auf keinen Fall kommen. Ich gehe auf Abstand. »Sorry«, murmele ich an ihrem Ohr und spüre, wie sie sich entspannt. Sie riecht nach Vanilleshampoo und Lavendel. Für eine Sekunde erlaube ich mir, an ihrem Haar zu riechen, dann lasse ich sie los, gehe zum Herd und gieße die Nudeln in der altertümlichen Keramikspüle in ein Sieb. Wahrscheinlich sind sie noch zu fest, aber das kann ich jetzt nicht mehr ändern. Ich muss meine Hände beschäftigen, bevor sie Dummheiten machen. Dann gieße ich Öl in eine Pfanne und gebe die Zwiebeln dazu. Rayne holt Teller aus dem Schrank. Sie bewegt sich zwischen mir und dem Tisch, immer wieder kommt sie mir zu nah, aber ich bin unsicher, ob ihre Berührungen Absicht oder ein Versehen sind. Für meinen

Seelenfrieden ist es besser, wenn ich von einem Versehen ausgehe. »Reichst du mir bitte die Gläser mit den Tomaten?«

Rayne schraubt die Gläser auf. Ihre Granny hat sie selbst eingekocht, ich rühre das Mus in die Pfanne und würze die Mischung mit Salz, Pfeffer und Chili. Der Geruch der Soße lässt mir das Wasser im Mund zusammenlaufen.

»Ich habe im Vorratsraum Johannisbeerwein entdeckt«, sage ich wie nebenbei. »Wollen wir ihn probieren?«

Ich will sie nicht betrunken machen oder so, aber ich brauche dringend etwas Alkoholisches, um meine Nerven zu beruhigen. Es gibt Situationen im Leben, da ist es notwendig, von seinen Prinzipien abzurücken.

»Klar. Ich hole eine Flasche. Früher durfte ich Weihnachten immer ein Glas trinken, allerdings mit jeder Menge Wasser verdünnt.« Ich höre sie mit den Flaschen klimpern.

Dann ist sie zurück, öffnet die Flasche und schenkt zwei Gläser voll. Wasser kann ich nicht entdecken. Vielleicht sollte ich sie warnen. Aber schon verschwindet sie durch das Fliegengitter nach draußen. Ich atme auf, ohne sie in meiner Nähe beruhigen sich meine Nerven wieder.

Als die Soße fertig ist, verteile ich sie großzügig über den Nudeln und gehe auf die Veranda. Der Regen hat aufgehört und die Luft dampft. Rayne hat wieder Kerzen angezündet. Die Weingläser stehen auf dem kleinen Tisch und das helle Rot funkelt im Licht der Kerzen. Erwartungsvoll sieht sie mir entgegen. Einen Fuß hat sie unter ihren Po geschoben. Sie wirkt in jedem Fall deutlich entspannter als ich.

Die Frau hat keine Ahnung, wie man Spaghetti isst. Ich hätte es wissen müssen. Etwas aus Weizen kam ganz sicher noch nie in die Nähe dieses Mundes. Nicht, bevor sie mich getroffen hat. Innerhalb kürzester Zeit hat sie lauter Spritzer im Gesicht und auf ihrem Pulli. Außerdem hat sie viel zu schnell diesen süßen Wein getrunken und kichert vor sich hin, während sie versucht, die Nudeln so auf den Löffel zu drehen, wie ich es ihr zeige.
Sie packt es einfach nicht. Trotzdem ist ihr Teller schneller leer als meiner, was wahrscheinlich daran liegt, dass ich den Blick nicht von ihren Lippen nehmen kann, wenn sie die Spaghetti einsaugt. Dabei macht sie so komische Geräusche und bricht immer wieder in lautes Lachen aus. So unbeschwert wirkt sie, wie ein anderer Mensch. Ich bringe ihr eine zweite Portion und wische mit einem Geschirrtuch die Soße von den Wangen und von ihrem Mund. Sie hält ganz still, während ich sanft über ihre Haut fahre. Danach hat sich die Atmosphäre verändert. Die Luft fühlt sich regelrecht elektrisiert an. Es würde mich nicht wundern, wenn gleich kleine Funken durch die Luft fliegen. Ich suche Schutz auf meiner Seite des Tisches, verbarrikadiere mich und esse meine Nudeln so hastig, dass ich kaum etwas schmecke. Rayne stochert nur noch

auf ihrem Teller herum. Sie hat es auch gespürt. Ich bin ein Idiot. Als ich fertig bin, räume ich ab, während sie die Kerzen löscht. Ich würde mich gern noch etwas mit ihr auf die Schaukel setzen, hüte mich aber, es ihr vorzuschlagen. Ich traue mir nicht zu, die Hände von ihr zu lassen, wenn sie wie gestern wieder auf meinem Schoß liegt. Also sage ich gar nichts. Ich wasche im Zeitlupentempo ab, als ich höre, wie sie die Treppe nach oben geht. Ihre Tür klappt und kurze Zeit später höre ich die Geige. Es ist das erste Mal, dass ich sie spielen höre, wenn man von den YouTube-Videos einmal absieht. Aber das ist nichts im Vergleich zu dem hier. Gar nichts. Die Töne klingen durch das Haus und bohren sich in mein Herz. Ich halte mich an dem Spülbecken fest, um nicht nach oben zu laufen. Sie spielt noch, als ich längst in meinem Bett liege.

Mal klingen die Töne sanft und zärtlich, mal wütend und aufgebracht. Ich frage mich, wonach sie die Stücke auswählt, die sie spielt. Der Klang der Geige trägt sie irgendwohin, an einen Ort, an den ich ihr nicht folgen kann. Gerade streicht der Bogen leise über die Saiten, kurz darauf zupft sie wütend daran herum und trotzdem verbindet sich alles zu einem harmonischen Ganzen. Ich könnte ihr ewig zuhören.

Rayne

Ich habe es so vermisst. Die Musik feuert durch meine Adern und vertreibt den Schmerz aus meinem Herzen. Ich schließe die Augen und lasse die Töne durch mich hindurchfließen.

Meine Eltern waren nie wirklich streng zu mir. Sie hatten einfach einen Plan. Ich hatte ein Talent und sie wollten, dass ich es nutze. Wenn ich einen Wunsch hatte, dann haben sie ihn mir erfüllt. Sofern es ein vernünftiger Wunsch war. Ansonsten haben sie mir erklärt, warum ich etwas nicht haben kann oder warum ein Wunsch unerfüllbar ist. Ich durfte nie das Fahrradfahren lernen, weil ich mir einen Arm hätte brechen können. Ich durfte nicht in einem See oder im Meer schwimmen, weil ich hätte ertrinken können. Öffentliche Schulen - Fehlanzeige. Allein bei dem Gedanken an Drogen, Mädchen, die mich mobben, Jungs, die mit Waffen zur Schule kommen, wurde meine Mom krank und blieb eine Woche im Bett, nachdem ich diesen Wunsch äußerte. Vielleicht kam es mir auch immer nur so vor, als würden sie mir meine Wünsche erfüllen. Waren es nicht viel mehr ihre Wünsche, die ich erfüllt habe? In meinem Kopf gerät alles durcheinander. Das kann an dem Johannisbeerwein liegen. Er war so verdammt lecker, dass ich ein zweites Glas getrunken habe, obwohl mir schon vom ersten etwas schwindelig war. Sonst wäre ich auch nicht so dumm gewesen und hätte Finian erlaubt, mir die Soße aus dem Gesicht zu wischen.

Aber es hat sich zu gut angefühlt. Seine Hand an meinem Kinn … von mir aus hätte er die ganze Nacht an mir herumwischen können. Meine Gedanken schweifen ab. Ich durfte mich mal mit einem Jungen treffen. Es war im letzten Jahr. Er war nett und ich gerade achtzehn geworden. Seinem Vater gehört eine der größten Konzertagenturen Europas. Dad hat mir Phillip vorgestellt, wir sind in New York zusammen ins MoMA gegangen und er hat mich in ein italienisches Restaurant eingeladen. Nachdem wir uns drei Tage kannten, hat er versucht mich zu küssen. Ich wollte mich nicht so anstellen, aber gefühlt habe ich nichts. Und mit nichts meine ich gar nichts. Phillip hat mich angelächelt, meine Hand genommen und mich nach Hause gebracht. Ich habe nie wieder etwas von ihm gehört. Seitdem nahm ich an, dass etwas mit mir nicht stimmt. Jetzt kribbelt mein ganzer Körper schon, wenn Finian mich nur anschaut. Ich frage mich, welche Reaktion eigentlich normal ist? Gibt es irgendwas dazwischen? Lieben meine Eltern sich eigentlich? Als Kind nimmt man es so hin, dass Eltern zusammengehören, aber die Vorstellung, dass sie sich leidenschaftlich lieben, ist etwas befremdlich. Ich habe nie gesehen, dass sie sich an der Hand halten oder gar küssen. Die Töne verklingen, als ich den Geigenbogen vom Instrument nehme.

Ich fühle mich ausgelaugt und müde, obwohl ich letzte Nacht so gut geschlafen habe wie schon ewig nicht mehr. Angezogen lege ich mich auf mein Bett, ziehe die Decke über mich. Ich versuche die Übelkeit zu ignorieren, die in mir aufsteigt, kaum, dass ich die Augen schließe.
Das muss an dem ganzen Weißmehl liegen, das ich in den letzten Tagen gegessen habe. Nachos, Brötchen, Nudeln. Mein Körper rächt sich jetzt an mir. Nach fünf Minuten springe ich auf und renne ins Bad. Mir ist so schwindelig, dass ich mich an der Toilettenschüssel festhalten muss, während ich mich übergebe. Zum Glück schläft Finian längst, es wäre mir unangenehm, wenn er mich so sehen würde. Dann kann ich das mit dem Küssen gleich vergessen.

Ein Arm schlingt sich um meine Taille und eine Hand rafft mein Haar zusammen. Bitte nicht. Hektisch drücke ich die Spülung und versuche mich zu befreien. »Lass mich!«, fauche ich. Aber er lässt mich natürlich nicht. Er bringt mich zum Waschbecken, damit ich mir den Mund ausspülen kann. Ich gucke ihn nicht an. Gehorsam trinke ich das Wasser und spucke es wieder aus. Ich lasse zu, dass er mir das Gesicht abwischt -zum zweiten Mal an diesem Abend - und es fühlt sich dieses Mal kein bisschen elektrisierend an. Ich verschränke meine Arme vor der Brust und möchte mich in Luft auflösen.

Finian sagt kein Wort. Er bringt mich zurück in mein Zimmer. Dann fischt er Grandpas Hemd von dem Schreibtischstuhl und hält es mir hin. Mein Pulli ist voller Soßenflecke und Sabber, über den ich nicht näher nachdenken will. Er dreht sich um, ohne dass ich ihn darum bitten muss. Schnell schlüpfe ich aus der Hose und dem Pulli, ziehe das Hemd an und schlüpfe unter die Decke.

»Rutsch ein bisschen.« Bevor ich widersprechen kann, legt er sich neben mich und zieht meinen Kopf auf seine Brust.

»Lass die Augen auf«, befiehlt er mir, »dann wird dir nicht wieder so schnell schwindelig. Was hast du dir dabei gedacht, die ganze Flasche auszutrinken?«

Die leere Flasche Johannisbeerwein steht auf meinem Schreibtisch. Ups. Dann war wohl doch nicht der Weizen schuld. Wann soll ich das alles getrunken haben? Ich lege meine Hand auf Finians Bauch, damit ich bequemer liege, versteht sich. Seine Muskeln unter meinen Fingern spannen sich an. Da ich meine Augen nicht schließen darf, wandert mein Blick über seine braun gebrannten und muskulösen Arme. Mehr traue ich mich nicht, obwohl es mich in den Fingern juckt, über die Härchen zu streichen, die darauf wachsen. Aber wenn ich erst mal anfange, kann ich vermutlich nicht mehr aufhören und noch eine Abfuhr würde ich nicht ertragen. Langsam entspanne ich mich, was nicht so einfach ist, weil seine Hand auf meinem Rücken kurz über meinem Po sich anfühlt wie ein Brenneisen. Trotzdem könnte ich mich an das Gefühl, in seinen Armen einzuschlafen, gewöhnen.

Er ist verschwunden. Etwas Anderes war auch nicht zu erwarten. Musik klingt aus Grannys altem Radio, das in der Küche steht, als ich meine Zimmertür öffne. Ich dusche, ziehe mich an und laufe die Treppe hinunter. Auf dem zerkratzten Küchentisch stehen Brötchen, Käse und Marmelade. Nur Finian ist nicht zu sehen. Langsam macht sich Panik in mir breit. Er wird nicht einfach weggefahren sein. Er hat mich nicht verlassen.

Ich schwöre, wenn er noch da ist, dann fasse ich ihn nicht noch mal an. Hoffentlich habe ich ihn mit meinem Gegrapsche nicht vertrieben. Ich muss ihn fragen, ob er eine feste Freundin hat. Ich muss mir Grenzen setzen. Er will mich nicht, das hat er deutlich gemacht und ich sollte das akzeptieren. Als ich in den Garten hinter dem Haus stürze, bringt sein Anblick meine gesamte Entschlusskraft ins Wanken.

Er steht in Grannys Gemüsebeet, auf einen Spaten gestützt, mit freiem Oberkörper und wischt sich gerade mit dem Unterarm den Schweiß von der Stirn. So ein Anblick sollte verboten werden. Dann fährt er sich mit einer Hand durchs Haar. Der Schweiß glitzert. Ich kann nicht mehr atmen, aber auch nicht den Blick von ihm abwenden. Brave Mädchen starren einen Jungen nicht so an. Brave Mädchen werden bei diesem Anblick auch nicht so zittrig wie ich gerade. Er darf mich auf keinen Fall sehen. Ich wirbele herum und verschwinde wieder im Haus. Ich kann da nicht rausgehen, nicht, wenn er so … so nackt ist. Das Fliegengitter knallt gegen den Türrahmen. Ich gieße mir eine Tasse Kaffee ein, obwohl ich ihn immer noch nicht mag. Irgendwie muss ich mich ablenken. Ich greife hektisch nach einem Brötchen und der Teller fliegt auf den Boden und zerbricht. Ich glaube, ich kriege keine Luft mehr. Es wird immer schlimmer. Ich sollte meine Eltern anrufen, damit sie mich abholen. Gerade glaube ich, ihre Gesellschaft wäre die bessere Wahl. Bei ihnen weiß ich wenigstens, woran ich bin. Ich habe nichts mehr unter Kontrolle. Kein Wunder, dass meine Eltern immer alles für mich organisiert haben.

Kaum bin ich allein in freier Wildbahn, wirft mich der erste gut aussehende Mann um. Ob sie das befürchtet haben? Bin ich vielleicht besonders anfällig für … für die Liebe? Ich vergrabe das Gesicht in meinen Händen. Das ist totaler Quatsch. Hier liebt niemand irgendwen, das sind irgendwelche unterdrückten Hormone, alles nur Chemie, nichts Rationales. Das geht bestimmt vorbei.

Die Tür klappt und dann steht Finian vor mir, zieht mich an sich. Ich sträube mich ungefähr eine Millisekunde, bevor ich mein Gesicht an seine erhitzte Haut drücke. Er ist immer noch nackt. Er riecht einfach göttlich. Wenn man denn glaubt, dass Götter Gärten umgraben. Ich sterbe, wenn nicht gleich etwas passiert. Meine Hände legen sich wie von selbst auf seine schmale Taille. Seine Finger fahren über mein Gesicht, zwingen mich, ihn anzusehen. Seine glatte Brust hebt und senkt sich zu heftig. Das kommt ganz sicher nicht vom Umgraben.

Er sieht mir fest in die Augen und ich bilde mir ein, dort etwas zu erkennen, das auch an mir zerrt: Begehren.

»Was ist los?«, fragt er, aber ich weiß nicht, was ich antworten soll. Mein Gehirn ist wie leer gefegt. Meine Hände liegen immer noch auf seiner Brust. Ich fühle mich schwach. Er darf nicht wissen, dass sein Anblick dafür verantwortlich ist. Allerdings könnte das wahrscheinlich selbst ein Blinder sehen.

»Mir ist nur schwindelig geworden.« Er hört die Lüge. Seine Lippen sind ganz knapp vor meinen. Ich bräuchte mich nur ein wenig strecken. Ich spüre praktisch schon, wie er schmeckt.

Im selben Moment tritt er zurück, trotzdem hat sein Beinahe-Kuss meine Haut versengt. Wenn ich nicht bald herausfinde, wie sich seine Lippen auf meinem Mund anfühlen, drehe ich durch.

Behutsam führt er mich zu einem Stuhl. Dann kehrt er die Scherben auf, bringt mir frischen Tee und schneidet ein paar Scheibe Weißbrot von einem runden Laib. »Cassie war heute früh schon hier«, erklärt er. »Sie hat das Brot gebracht und mich gebeten, das Beet umzugraben.« Er stellt einen Teller mit Marmeladenbroten vor mich und setzt sich mir gegenüber. »Iss!«, verlangt er und gehorsam beiße ich in das Brot. So muss ich wenigstens nicht reden.

Drei Brote später fühle ich mich kräftig genug, um wieder aufzustehen. Ich bin Finian dankbar, dass er mich nicht auf letzte Nacht angesprochen hat. Eins ist sicher. Ich werde nie wieder auch nur einen Tropfen Alkohol anrühren.

»Du solltest diesen Mr. Sparks anrufen.« Er schiebt mir eine Telefonnummer rüber. »Sprich mit ihm. Frage, welche Möglichkeiten du hast. Was du tun musst.«

Ich nehme den Zettel in die Hand. Ich habe noch nie mit einem meiner Anwälte gesprochen. Was, wenn es längst zu spät ist? Ich weiß, dass mein Dad alle möglichen Vollmachten von mir besitzt. Offensichtlich auch die, das Erbe meiner Granny verscherbeln zu dürfen.

»Wenn du möchtest, begleite ich dich zu ihm. Dein Vater hat kein Recht, dir das Haus fortzunehmen. Wir werden dafür sorgen, dass er es nicht bekommt.«

Ich würde ihm gern sagen, wie froh ich bin, dass er bei mir ist, aber ich traue mich nicht mal mehr das.

Finian

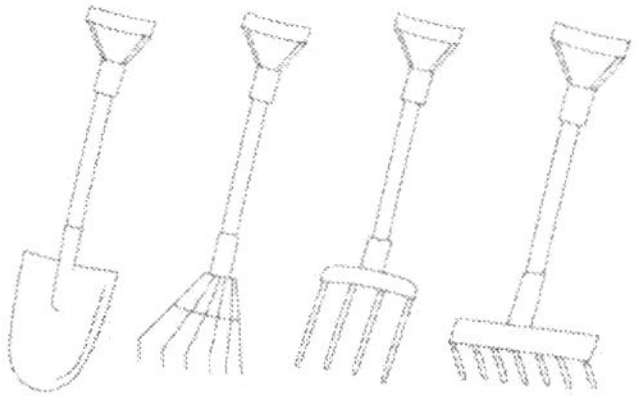

In meinem Inneren ist die Hölle los. Ich muss dieses Prickeln loswerden und mich auf ein ungefährlicheres Terrain zurückbegeben. Die Landluft ist mir zu Kopf gestiegen. Was sie mit mir anstellt, ist nicht mehr normal. Sie macht mich fertig. Beinahe hoffe ich, dass ihre Eltern kommen und dem Spuk ein Ende bereiten. Ich will nur noch hier weg, bevor ich etwas wirklich Dummes tue. Die Gartenarbeit kommt mir gerade recht. Dabei kann ich mich auspowern. Wenn es sein muss, grabe ich ganz Tennessee um. Vielleicht bin ich danach so schwach, dass ich nicht mal mehr meine Finger bewegen muss. Ständig kämpfe ich gegen den Drang an, ihr Haar zu berühren, ihre Taille zu umfassen, mit den Fingerspitzen die Konturen ihres Gesichts nachzufahren. Wenn sie wüsste, welche Willensanstrengung meinerseits gestern nötig war, um in diesem schmalen Bett nicht über sie herzufallen, würde sie sich einschließen und die Polizei rufen. Aber sie vertraut mir und ich kapiere nicht, weshalb. Bestimmt haben ihre Eltern sie vor Typen wie mir gewarnt. In jedem Fall wäre es falsch, sie zu verführen.

Ich bin froh, dass Cassie sie abgeholt hat, um mit ihr ein Eis essen zu gehen. Sie haben mich gefragt, ob ich mitkommen

möchte, aber ich brauche mal einen Moment für mich allein. Ich bringe den Spaten in den Schuppen, säubere ihn und gehe ins Haus. Die Mädchen haben Zitronenlimonade gemacht.
Ein Glas davon trinke ich in einem Rutsch aus, in ein zweites fülle ich Eiswürfel, bevor ich auf die Terrasse schlendere. Meine Hände und meine Hose sind total schmutzig, aber die Gartenarbeit hat etwas sehr Befriedigendes an sich. Es ist schön, in einem Haus mit Garten zu wohnen. Niamh kennt nur kleine Wohnungen. Ihr würde es hier gefallen. Ich sollte ihr nachher eine Nachricht schicken. Einmal am Tag will ich wissen, ob zu Hause alles in Ordnung ist. Bisher gibt es keine Probleme. Es ist wie ein kleiner Test, für die Zeit, wenn ich in Boston bin.

Cassie will morgen Kartoffeln mitbringen, die wir setzen können. Wer denkt sie eigentlich, wird diese ernten? Ich werde nicht mehr hier sein. Der Gedanke fühlt sich komisch an. Wie kann dieses Haus mir nach den wenigen Tagen schon so ans Herz gewachsen sein? Ich werde Niamh anrufen und dann in die Stadt fahren. Eine Nachricht reicht mir gerade nicht. Wenn ich mit ihr über Dad und Mom spreche, weiß ich wieder, wo ich hingehöre. Nicht in diese heile Welt, mit der warmen Erde an den Händen, der Sonne im Nacken und diesem Mädchen vor der Nase.

Ich hätte mir gestern auch ein paar Wechselklamotten kaufen sollen. Im Auto hatte ich bloß ein paar Shorts und zwei T-Shirts. Ich fürchte, ein bisschen bleibe ich noch.

Eine Stunde später betrete ich Sheryls Laden. Sie steht hinter dem Tresen und kaut wieder Kaugummi. Scheint so etwas wie ihr Markenzeichen zu sein. Von dem Typen vom letzten Mal ist nichts zu sehen. Sie blättert in einem bunten Magazin.

»Hey«, begrüßt sie mich. »Allein unterwegs?« Ihr Blick wandert über meinen Körper. Noch vor ein paar Wochen hätte ich das als Aufforderung betrachtet. Jetzt grinse ich nur und sie versteht mich, ohne dass ich etwas sagen muss.

»Die Kleine ist im Eiscafé, wenn du sie suchst.«

»Ich brauche eigentlich ein paar Klamotten«, erwidere ich.

»Dann bleibt ihr länger?« Sheryl umrundet den Tresen und geht zu dem Regal mit den Jeanshosen.

»Sieht so aus«, antworte ich einsilbig.

»Die Leute waren ziemlich sauer, dass niemand von der Familie zu Maggies Beerdigung gekommen ist«, erzählt Sheryl und macht dabei eine Blase mit ihrem Kaugummi. In ihrer Aufmachung sieht sie irgendwie aus wie Peggy aus der Serie *Eine schrecklich nette Familie*. Als ich jünger war, hat mein Dad die immer geschaut und sich halb totgelacht. Mom hat sich darüber geärgert, aber nie etwas gesagt. Sie hätte ihm nie etwas verboten, was er mochte. Ich konnte damit nichts anfangen. Aber es war toll, neben ihm auf dem Sofa zu sitzen und Popcorn zu essen. Mindestens einmal in der Woche machte er nur mit mir einen Al Bundy-Abend. Er nannte es

Männerabend, obwohl ich gerade mal sechs oder sieben war. Ich erinnere mich nicht an viel aus der Zeit, bevor er krank wurde. Damals waren wir noch eine richtige Familie mit Picknicks im Park, Urlauben am Meer und Kartenspielen nach dem Abendessen. Er hat mir Black Jack beigebracht. Aber ich habe noch Glück gehabt. Niamh kann sich nur noch bruchstückhaft an die Zeit erinnern, bevor Dad uns und sich vergaß. Sie kennt ihn nur als das Wrack, das er jetzt ist. Trotzdem kümmert sie sich liebevoll um ihn, während ich manchmal die Geduld verliere. Ich schiebe die trüben Gedanken zur Seite, schließlich lebe ich schon so lange damit.

Sheryl bringt mir die Hosen, T-Shirts und ein paar Hemden in die Umkleide. Ich begutachte ein rot-weiß kariertes Hemd.

»Willst du mich auf den Arm nehmen?«, frage ich durch den Vorhang und höre sie lachen.

»So was trägt man hier, Cowboy. Am besten, du gehst gleich noch zu George und besorgst dir einen Hut und Cowboystiefel, sonst nehmen die Leute dich nicht ernst.«

»Ich bin nicht hergekommen, um mich zu verkleiden.«

»Warum bist du dann hier?«

»Rayne wollte das Haus sehen und ich habe sie hergebracht.«

»Einfach so? Ihre Eltern haben sie mit dir herfahren lassen? Das Märchen kannst du jemand anderem erzählen.«

»Warum nicht? Sie ist erwachsen und kann ihre eigenen Entscheidungen treffen.«

Jetzt kann Sheryl ihr Lachen kaum bremsen. »Jetzt willst du mich wohl auf den Arm nehmen! Jeder im Ort weiß, was bei den Taylors los ist. Rayne darf gar nichts allein entscheiden. Ich bin erst seit zwei Jahren in der Stadt und selbst ich kenne die Geschichte vom armen Wunderkind. Maggie hat immer ganz cool getan, sie war so tough. Du hättest ihr gefallen. Schade, dass sie dich nicht mehr kennengelernt hat.«

Ich verzichte darauf, Sheryl zu erklären, dass ich ohne Maggies Tod Rayne nie kennengelernt hätte. Sie muss nicht alles wissen.
In diesem Kaff passiert wahrscheinlich nie etwas Spannendes, da wird jedes Gerücht bis zur Unkenntlichkeit aufgebauscht. Sie sollen Rayne einfach in Ruhe lassen.

Sheryl packt die Sachen, für die ich mich entschieden habe, in eine Tüte. Ich habe die Vermutung, sie macht das extra langsam, anders ist ihr Zeitlupentempo nicht zu erklären. Dabei plappert sie die ganze Zeit über Mae, Owen, George und noch andere Leute aus dem Ort, deren Namen und Funktionen ich mir auf keinen Fall merken kann und will. Mich geht das alles nicht das Geringste an. Als sie fertig ist, bringt sie mich tatsächlich zwei Läden weiter und stellt mir George vor. Der Mann muss einhundert Jahre alt sein, der weiße Bart hängt ihm bis zur Brust. Auf dem Kopf trägt er einen Cowboyhut und an den Füßen blank polierte hellbraune

Stiefel. Er sieht aus wie ein Mann aus dem letzten Jahrhundert. Es fehlen nicht mal die glänzenden Sporen an den Schuhen.

»Finian braucht einen Hut und Stiefel für das Fest am Wochenende«, erklärt Sheryl und geht davon, bevor ich protestieren kann.

George zieht ein Maßband aus der Hosentasche. »Dann wollen wir mal.« Er macht sich an meinem Kopf zu schaffen. Ich muss unbedingt hier raus. Auf keinen Fall trage ich einen Hut.

»Schön, dass du Rayne nach Hause gebracht hast«, brummt er. Ich rieche etwas Süßliches, Tabakartiges. Eine Minute später wird mir klar, was das ist. George spuckt eine braune Pampe in einen Eimer.

Ich wusste gar nicht, dass Kautabak noch produziert wird. Aber das erklärt auch, warum der Bart am Mund gelb ist.

»Wir freuen uns, dass sie wieder hier ist. Das Mädchen braucht Ruhe. Sie ist zu dünn und zu blass.«

Warum zum Teufel macht sich in dieser Stadt jeder Gedanken über Rayne? Das ist mein Job. Stopp. Eigentlich ist das überhaupt nicht mein Job. George stülpt mir einen Hut auf und dann noch einen. Ich habe die dumme Vermutung, dass ich gar kein Mitspracherecht habe. Es ist wie bei Harry Potter und seinem Zauberstab. Nicht ich suche mir den Hut aus, sondern der Hut sucht sich mich aus. Schade, dass kein Sturm durch den Laden weht und alles durcheinanderbringt. Dann könnte ich flüchten. Als

George mir den fünften Hut auf den Kopf drückt, höre ich ein Kichern von der Tür. Cassie und Rayne stehen da und amüsieren sich auf meine Kosten. Ich winke die Biester mit meinem Zeigefinger herein. Rayne lacht auf und sieht dabei so glücklich aus, dass es mir die Sprache verschlägt. An ihrer Nasenspitze sehe ich einen hellbraunen Fleck. Ich wette, wenn ich sie jetzt küssen würde, dann würde sie nach Schokoladeneis schmecken. Mit zwei Schritten bin ich bei ihr und greife nach ihrem Arm. Sie quiekt, was ich ignoriere. »Sie braucht auch einen Hut«, sage ich zu George, der nur nickt und von ihrem Kopf Maß nimmt.

Cassie räkelt sich in einen Stuhl. »Ich habe schon so ein Ding. Stimmt's, George?«

Wieder nickt er bloß und kaut eifrig. Er ist nicht mal halb so gesprächig wie Sheryl.

Offensichtlich hat er gesagt, was gesagt werden musste. Ich höre auf zu zählen, wie viele Hüte mir aufgesetzt werden. Komischerweise sah bei Rayne schon das zweite Exemplar perfekt aus und George hat beschlossen, es ihr zu schenken. Man könnte meinen, das Mädchen hat noch nie etwas geschenkt bekommen, so glücklich ist sie. Sie fällt dem alten Mann um den Hals und küsst seine faltige Wange. Ich will ihm am liebsten den Hals umdrehen, als er mich dabei auch noch überlegen angrinst. Irgendwann sind die drei der Meinung, ein schwarzer Hut mit braunem Band würde mir am besten stehen. Erschöpft lasse ich mich auf einen Stuhl fallen und George stellt ein paar Cowboystiefel vor mir ab. Widerstand ist zwecklos. Ich stiefele aus dem Laden und komme mir dabei albern vor. Stewart würde sich nicht mehr einkriegen, wenn er mich so sehen könnte. Glücklicherweise habe ich meine Sneakers retten können. George wollte sie wegwerfen. Alles, was nicht aus Leder ist, hat seiner Meinung nach keine Existenzberechtigung.

»Ich bringe dich hin und hole dich wieder ab«, schlage ich vor, aber Rayne will davon nichts hören.

»Sie haben uns zum Abendessen eingeladen und es wäre unhöflich, es ihnen abzuschlagen. Die vier haben gekocht wie die Weltmeister. Also stell dich nicht so an.«

»Dieser Ort ist merkwürdig, findest du nicht?«, frage ich sie.

Verständnislos sieht Rayne mich an. »Was meinst du?«

»Die Leute interessieren sich für meinen Geschmack zu viel füreinander. Sie wissen alles über jeden und sie tratschen.«

Rayne lehnt am Geländer der Veranda. Die Sonne scheint von hinten durch ihr offenes Haar. Ich kann ihre Augen nicht sehen, weil das Licht mich blendet, aber ihr amüsiertes Lachen sagt alles. Sie macht sich lustig über mich. »Mae war Grannys beste Freundin. Sie waren immer zu fünft. Granny, Mae, die Frau des Pfarrers, von der ich den Namen nicht mehr weiß, und Pippa und Fips. Die beiden sind Zwillinge und ich habe nie verstanden, warum ihre Eltern ihnen diese Namen gegeben haben. Sie wohnen auf der anderen Seite der Stadt. Ihnen gehört das Eiscafé. Die Leute im Ort kümmern sich umeinander. Mir hat das immer gefallen.«

»Hast du keine Angst, dass irgendwer von ihnen deine Eltern anruft? Oder der Presse etwas steckt?«

Rayne schüttelt den Kopf. »Keiner von ihnen kann meinen Dad sonderlich gut leiden. Mom akzeptieren sie nur, weil sie von hier ist.«

Ich gebe mich geschlagen. »Also gut, wenn du darauf bestehst. Aber dafür bist du mir etwas schuldig«, verlange ich, worauf sie mich anschaut wie ein verschrecktes Kaninchen. Ich muss lachen. »Es ist nichts Unmögliches«, erkläre ich zur Beruhigung. «Eigentlich wollte ich es erst morgen mit dir ausprobieren, aber dieser Abend ist dafür genauso gut geeignet wie jeder andere.«

Misstrauisch sieht Rayne mich an.

»Ich will dich nicht fressen.« Obwohl ich gegen ein bisschen Knabbern nichts einzuwenden hätte. Ich schließe kurz die Augen, als die Bilder in meinem Kopf zu deutlich werden.

»Was ist es?« Bedauern schwingt in ihrer Stimme mit. Ich bin nicht so blöd, als dass ich das nicht hören würde.

»Wir fahren mit dem Fahrrad zu Maes Hof.«

Rayne schüttelt den Kopf. »Du spinnst.«

Ich verschränke meine Arme vor der Brust. »Mit dem Fahrrad oder gar nicht.« Das ist ein bisschen fies von mir, aber zum Laufen ist es zu weit und Auto fahren kann Rayne selbstverständlich nicht. Ich muss es ihr beibringen. Ein Mädchen in ihrem Alter sollte in der Lage sein, allein von A nach B zu kommen.

Rayne fährt sich mit den Händen übers Gesicht. Verlegen knabbert sie an einem Fingernagel.

Ich blicke zu dem Schuppen, der hinter ihr im Garten steht. »Ich habe ein Fahrrad gefunden und es repariert«, sage ich leise. »Komm schon. Trau dich.«

Sie zieht ihre Nase kraus. »Ich kann kein Fahrrad fahren«, gesteht sie mir dann.

So etwas in der Art habe ich mir schon gedacht. Ich konnte nicht widerstehen. Als Rayne heute Nachmittag geschlafen hat und ich gelangweilt durchs Haus gestrichen bin, stand ihr Wunschglas in der Küche. Ich habe es aufgeschraubt und hineingegriffen. Vielleicht war das nicht richtig, aber in dem Moment konnte ich nicht anders. Ich will ihr in der Zeit, die wir gemeinsam verbringen, so viele Wünsche wie möglich erfüllen. Der Wunsch, den ich herausgeangelt habe, war *Fahrradfahren lernen*. Ich konnte es kaum glauben. Es gibt doch Dinge, die kann jeder. Wie konnte es passieren, dass ihre Eltern ihr nie ein verdammtes Fahrrad gekauft haben? »Du kannst nicht Fahrrad fahren?«, hake ich nach. Geglaubt habe ich es nicht wirklich. Aber ihre Verlegenheit bei dem Geständnis sagt mir alles.

Sie schüttelt den Kopf. »Ich durfte es nie lernen.«

Rayne

Finian schaut mich an, als hätte ich ihm eröffnet, dass ich aus einer anderen Galaxie stamme. »Mein Dad hat mir das Fahrradfahren beigebracht, als ich sechs war.« Er schaut in die Ferne und lächelt bei der Erinnerung. »Wir wohnten damals in einem Vorort von Chicago.«

»Welche Farbe hatte dein Fahrrad?«, frage ich ihn, warum auch immer. Aber es interessiert mich wirklich. Wenn ich mir eins kaufen dürfte, wäre es so grünblau wie seine Augen.

»Eigentlich keine mehr, die zu erkennen war. Außerdem war es viel zu klein für mich. Dad hatte es von einem Arbeitskollegen geschenkt bekommen. Er drückte mir einen Topf mit lila Farbe in die Hand und befahl mir, es auf Vordermann zu bringen. Erst dann wollte er mir beibringen, es zu fahren. Er war der Meinung, dass man ein Fahrrad reparieren können muss, bevor man aufsteigt. Ich brauchte zwei Tage, um es zu streichen und neue Reifen aufzuziehen. Die Farbe war zwar ein bisschen peinlich und die Bremse quietschte, aber das war mir egal. Für mich war es das schönste Fahrrad der Welt.« Ein Lächeln stiehlt sich auf sein Gesicht und er schweigt einen Moment.

»Und was ist dann passiert?«, hake ich nach.

»Er ist mit mir an die Strandpromenade gefahren und hat mit mir geübt, bis ich nicht mehr umgefallen bin.
Ich habe dieses Fahrrad geliebt und gehegt und gepflegt, bis ich es an Niamh vererbt habe. Ihr habe ich das Fahrradfahren beigebracht.«

Ich könnte wetten, dass seine Augen bei der Erinnerung zu glänzen beginnen. Gern würde ich ihn fragen, ob sein Vater ihn heute immer noch so unterstützt. Meine Eltern hätten mir das teuerste und schickste Fahrrad der Welt kaufen können, aber ich wette, ich hätte es nicht so geliebt wie Finian sein lilafarbenes, altes Ding.

Finian springt auf und geht ins Haus. Als er wieder hinauskommt, hat er ein Foto in der Hand. Die Farben sind verblasst und es sieht abgegriffen aus. Offensichtlich hat er es ziemlich oft angeschaut. Ich blicke auf einen kleinen Jungen in abgeschnittenen Jeans und mit strubbeligem Haar. Der Blick ist derselbe, den ich mittlerweile so gut kenne. Blaugrüne Augen strahlen mich stolz an. Finian sitzt auf einem viel zu kleinen lilafarbenen Fahrrad. Er sieht unendlich glücklich aus. Ich frage mich, wie viele glückliche Erinnerungen er noch mit sich herumträgt. »Zur Feier des Tages sind wir Chicken Wings essen gegangen. Sie waren so scharf, dass ich sie kaum runterbekam, aber ich habe nichts gesagt. Mein Dad hat immer behauptet, als

Mann muss man auch scharfe Sachen vertragen.« Finian schmunzelt und lacht. »Heute bin ich mir nicht mehr so sicher, ob er damit unbedingt essbare Dinge meinte.« Er wirft mir einen entschuldigenden Blick zu und ich grinse verlegen. Ich wünschte, er würde mich scharf finden. Leider würde dieser Wunsch sich nicht erfüllen, selbst wenn er in tausendfacher Ausführung in meinem Wunschglas landete.

Er soll nicht sehen, wie neidisch ich auf seine Erinnerungen bin. »Ich durfte mich nicht verletzen«, erkläre ich mit belegter Stimme und reiche das Foto zurück.

Finian schweigt. Seine übliche Taktik, um mich zum Reden zu bringen.

»Ich durfte nie etwas tun, bei dem ich mir den Arm oder die Hand hätte brechen können. Das hätte das Ende meiner Karriere bedeutet, also packten sie mich in Watte. Sie behaupteten immer, sie würden mich beschützen, aber …«, ich stocke.

»In Wirklichkeit sperrten sie dich ein«, vollendet Finian meinen Satz.

»Sie waren besorgt um mich.«

Seine Augenbrauen schossen in die Höhe. »Du nimmst sie immer noch in Schutz.«

»Ich bilde mir gern ein, dass sie es um meinetwillen taten.«

Er greift nach meiner Hand. »So war es sicher auch.« Wir beide ignorieren die Lüge in seiner Stimme. Ich drehe ihm den Rücken zu, schließe die Augen und lasse mir die Sonne ins Gesicht scheinen. Meine Mutter hätte mich längst mit Sonnencreme eingeschmiert.

»Denk einfach nicht an sie«, flüstert Finian mir ins Ohr, als er hinter mich tritt. Er legt sein Kinn auf meine Schulter und stützt die Hände neben mir ab.

Er hat gut reden. Sie waren in meinem Leben einfach immer omnipräsent. Das schüttelt man nicht so leicht ab.

Er nimmt eine Hand und zieht mich mit sich zum Schuppen. »Ich werde dir das Fahrradfahren beibringen.«

Ich lache auf. »Du bist verrückt. Wir sollen in zwei Stunden bei Mae sein, bis dahin lerne ich das nie.«

»Darum fahren wir genau jetzt los«, bestimmt Finian und mustert meine kurze Jeanshose, meine festen Schuhe und mein T-Shirt. Sein Blick verweilt etwas zu lang auf meiner Brust. Okay, ich habe nach dem Schlafen extra das enge T-Shirt angezogen, das Sheryl und Cassie mir aufgeschwatzt haben. Sie haben es B … T-Shirt genannt. Ich kann das Wort nicht mal denken, ohne rot zu werden. Wenn ich Finians Reaktion so überdenke, war die Bezeichnung offensichtlich nicht allzu falsch.

Er schüttelt den Kopf, als müsse er ihn wieder freibekommen und ich unterdrücke mit Mühe ein triumphierendes Grinsen. »Jeder Mensch sollte Fahrrad fahren können. Stell dir vor, eines Tages gibt es kein Benzin mehr. Alle Ölvorräte sind erschöpft.« Er zwinkert. »Möchtest du dann lieber mit dem Fahrrad fahren oder auf ein Pferd steigen?«

Ich zögere kurz, bevor ich mich geschlagen gebe. »In dem Fall ziehe ich das Fahrrad vor. Das beißt wenigstens nicht.«

»Pferde beißen doch auch nicht«, behauptet er im Brustton der Überzeugung.

»Bist du sicher? Sie haben ganz schön große Zähne.«

Er zuckt mit den Schultern. »Da habe ich noch nie drüber nachgedacht.«

»Das solltest du aber unbedingt tun«, rate ich ihm.

Ohne auf meine logischen Argumente einzugehen, reißt Finian die quietschende Schuppentür auf und tastet nach dem Lichtschalter. Das Licht, das die fliegendreckverschmierte Glühbirne spendet, ist kaum der Rede wert. Ich halte die Tür auf, während er in dem Raum verschwindet. Ich kann mich des Eindrucks nicht erwehren, dass er die Aktion geplant hat.

Er strahlt übers ganze Gesicht, als er das alte Fahrrad von Granny herausschiebt. Ich erkenne es an dem Bastkorb, der noch am Lenkrad hängt. Keine Ahnung, wie oft sie damit zu Mae gefahren ist, um einzukaufen oder sie zu besuchen. Ich habe ungefähr eine Milliarde Mal gebettelt, damit sie mir das Fahren beibringt, aber Granny blieb hart. Wahrscheinlich war das klug von ihr, sonst hätte Dad mir viel früher verboten, sie zu sehen.

Meine Hände werden plötzlich feucht. Jetzt ist es also so weit. Was, wenn ich wirklich stürze und mir wehtue? Was, wenn ich mir das Handgelenk oder nur einen Finger breche? Meine Karriere könnte von einem Tag auf den anderen vorbei sein. Will ich das? Geige zu spielen war trotz allem, was ich dafür aufgeben musste, immer das Wichtigste für mich. Ich bin nur nicht sicher, ob es das jetzt in diesem Moment immer noch ist. Ob nicht etwas oder jemand diese Stelle neu besetzen könnte.

»Alles in Ordnung?«, fragt Finian und bleibt neben mir stehen. »Du bist ganz blass.«

Ich nicke nur, weil der Kloß in meinem Hals mich nicht sprechen lässt. Das Komische ist, ich bin mir sicher, wenn ich ihm sagen würde, dass ich es mir überlegt habe, würde Finian das Fahrrad zurückbringen. Er würde mich nicht zwingen.

Nicht mal, wenn er wüsste, dass es ein Wunsch aus meinem Glas ist. Vermutlich ahnt er es. Aber ich sage nichts. Er soll mich nicht für einen Feigling halten. Ich schaffe das schon. So hoch ist der Fall schließlich nicht. Ich springe ja nicht aus einem Flugzeug. Es ist nur ein Fahrrad.

»Du kannst Nein sagen«, lenkt er ein, obwohl er vor wenigen Minuten noch behauptet hat, mich sonst laufen zu lassen.

»Ich will es«, antworte ich, bevor ich noch länger darüber nachdenke. »Ich hole nur eine Jacke und schließe ab.«

»Okay. Ich warte an der Straße auf dich.«

Ich renne ins Haus, ziehe eine Strickjacke an, falls der Abend kühl wird, verriegele die Tür und laufe ihm hinterher.

Aufgeregt bleibe ich neben ihm stehen. Keine Ahnung, warum ich mich so beeilt habe. Sicher hatte er nicht vor, mit dem Fahrrad abzuhauen.

Finian lächelt. »Du musst nicht nervös sein. Ich halte dich so lange fest, wie es nötig ist.«

Ich wünschte, dieser Satz würde sich nicht aufs Fahrradfahren beziehen.

»Erde an Rayne«, unterbricht Finian meine hochfliegenden Gedanken. »Die Kunst bei der ganzen Sache ist, das Gleichgewicht zu halten. Dann geht der Rest von ganz allein. Du wirst sehen, es macht Spaß.«

»Was machst du eigentlich? Läufst du die ganze Zeit neben mir her? Bis zu Mae sind es locker vier Meilen.«

Finian sieht mich gekränkt an, aber ich weiß, er schauspielert nur.

»Erstens muss ich auf dich achtgeben und zweitens sind vier Meilen ein Klacks für mich.« Das glaube ich ihm sofort, diese Beine haben schon ganz andere Strapazen überstanden. Ich werfe einen Blick darauf, was ihm natürlich nicht entgeht. Er hebt mein Kinn an. »Hier spielt die Musik. Schau nie nach unten, sondern immer nach vorn. Schließlich musst du eventuellen Hindernissen ausweichen.«

»Ähm ja. Hindernisse, Gleichgewicht. Alles klaro.«

Finian schüttelt den Kopf und stellt den Sitz auf meine Höhe ein. Ich klettere auf das Rad, während er mit einer Hand den Lenker festhält. Die andere umfasst den Sitz. Ich spüre ziemlich deutlich seinen muskulösen Arm in meinem Rücken. Das kann ja heiter werden.

»Bereit?«, fragt Finian und ich nicke. »Lenker gerade halten«, befiehlt er, »und langsam treten.« Dann lässt er vorn los und schiebt mich an.

»Ahhhh!« Der Lenker schlackert in meinen Händen. Ich trete hektisch in die Pedale und spüre im selben Augenblick, wie das Fahrrad zur Seite kippt. Finian fängt mich auf und hält mich fest.

»Das war für den ersten Versuch nicht schlecht«, lügt er.

Beim zweiten Versuch habe ich das Ding besser im Griff. Ich falle erst, nachdem ich ungefähr sechsmal durchgetreten habe. Das arme Fahrrad tut mir leid. So musste es in den ganzen Jahren nicht leiden. Wir kommen nur langsam voran. Zum Glück haben wir zwei Stunden Zeit. Finian macht es mir ein paar Mal vor und umrundet mich auf der menschenleeren Straße. Er ist so ein Angeber.

Genervt wische ich mir den Schweiß von der Stirn. Ich sage nichts, sondern reiße ihm wütend das Gefährt aus der Hand. Mit zu viel Schwung steige ich auf, stoße mich ab und lasse mich rollen. Ich umklammere den Lenker so fest, dass es wehtut und dann trete ich.

Finian läuft mir hinterher. »Warte, Rayne! Fahr vorsichtig. Bremsen nicht vergessen. Das ist das Ding am Griff.«

Das hat er mir schon hundertmal erklärt. Die Straße ist leicht abschüssig, ich versuche langsamer zu werden, aber ich habe keine Ahnung, was ich machen muss, wenn ich stoppe. Springt man irgendwie ab? Obwohl ich nicht trete, werde ich schneller. Es ist ein tolles Gefühl. Meine Haare wehen im Wind. So ist das also. Reiten kann unmöglich toller sein. Ich drehe mich. Ich will Finians Gesichtsausdruck sehen, wenn er sieht, dass ich tatsächlich fahre. Es ist gar nicht schwer. Wer hätte das gedacht? Finian joggt hinter mir her. Das Fahrrad hüpft in die Höhe. Ich versuche den Lenker gerade zu halten, aber er hat seinen eigenen Kopf. Ich komme ins Schlenkern, der Vorderreifen rutscht weg. Ich drücke die Bremse, was es nicht leichter macht, da das Rad so abrupt stehen bleibt, dass ich von ihm geschleudert werde und unsanft auf dem Boden lande.

»Ich habe gesagt, du sollst nach vorne schauen!«, schimpft Finian, als er mich erreicht. »Nicht nach unten und schon gar nicht nach hinten.« Er kniet neben mir und hilft mir, mich aufzusetzen. »Tut dir etwas weh?«, fragt er versöhnlicher und tastet mich ab.

Ich schüttele den Kopf, obwohl mein Rücken und mein Po bestimmt voller blauer Flecke sind. Aber gerade ist mir das so was von egal. »Ich bin tatsächlich gefahren«, erkläre ich leise und kann es kaum glauben. »Hast du es gesehen? Ich bin ganz alleine mit dem Fahrrad gefahren.«

»Zehn Meter«, knurrt er. Aber das Leuchten in seinen Augen straft seine Worte Lügen. Er freut sich für mich. Ich schlinge meine Arme um seinen Hals und lasse mich nach oben ziehen. »Danke schön«, sage ich zu seiner Brust, weil ich mich weigere, ihn loszulassen.

»Keine Ursache. Aber das war für heute Abenteuer genug. Verstanden?« Seine Hände streichen sanft über meinen lädierten Rücken.

»Wie kommen wir dann zu Mae?«

»Ich fahre und du sitzt auf dem Gepäckträger«, erklärt Finian, als wäre das das Normalste der Welt. Sofort frage ich mich, wie viele Mädchen er schon auf so unkonventionelle Weise befördert hat.

»Ich habe Niamh immer so mit zur Schule genommen, wenn sie zu faul zum Laufen war.«

Er kann Gedanken lesen. Eine andere Erklärung gibt es nicht. »Auf deinem kleinen lila Fahrrad?«

Sein Lachen gluckst unter seiner Haut. Wir haben uns immer noch nicht gerührt. »Ich hatte später ein komfortableres Modell.« Damit lässt er mich los und bückt sich nach Grannys Rad.

Auf dem Gepäckträger zu sitzen, ist zwar etwas unbequem, aber es gibt mir die Gelegenheit meine Arme um seinen Bauch zu schlingen.

Finian bringt uns sicher zu Mae. Sie und Cassie stehen auf ihrer Terrasse, die unserer verblüffend ähnelt, und decken den Tisch.

»Ihr seht aus, als hättet ihr euch im Dreck gewälzt«, behauptet Cassie, als wir lachend und Hand in Hand die Stufen hochlaufen. Ich habe seine Hand nicht genommen. Definitiv nicht.

»Finian hat versucht, mir das Radfahren beizubringen und ich bin ein paar Mal gestürzt.«

Cassies Augenbrauen gehen nach oben. »Du solltest Schriftstellerin werden, deine Ausreden sind preisverdächtig.«

Finian lacht und ich werde rot. Er legt den Arm um meine Schulter. »Leider ist es die Wahrheit.«

Hat er wirklich leider gesagt? Ich darf in seine Worte nicht zu viel hineininterpretieren.

»Komm, ich gebe dir ein T-Shirt von mir.« Cassie zieht mich ins Haus und ich habe fünf Minuten Zeit, darüber nachzudenken, warum er das kleine Wörtchen benutzt hat.

»Haben wir nicht gesagt, er wird dem Bums-T-Shirt nicht widerstehen können?« Mit triumphierendem Gesichtsausdruck steht Cassie vor ihrem Schrank und wühlt darin herum.

»Ich bin wirklich nur hingefallen«, versuche ich ihr die fixe Idee auszutreiben. Nicht auszudenken, wenn sie nachher beim Essen eine Bemerkung in diese Richtung macht.

Cassie ignoriert mich und zieht ein Kleidchen aus ihrem Schrank. »Zieh das an«, bestimmt sie. »Darin übt er kein Radfahren mehr mit dir, das verspreche ich.«

Ich verdrehe die Augen. »Das mit uns ist nicht so was«, versuche ich es noch einmal.

»Klar und ich habe eine Affäre mit Liam Hemsworth.«

»Wer ist das?«, frage ich nach.

»Grrrrr. Dir ist wirklich nicht zu helfen.« Cassie sieht so verzweifelt aus, dass ich schnell in das Kleid schlüpfe, obwohl es zu durchsichtig und zu kurz ist. Dann kämmt sie mir den Staub aus den Haaren und flicht mir einen Zopf. Zum Schluss sucht sie noch Flip-Flops heraus, weil meine Wanderschuhe nicht zum Kleid passen.

Als wir die Treppe herunterkommen, hilft Finian Mae in der Küche. George und Owen sind schon da und haben es sich mit einem Bier in den zwei Schaukelstühlen bequem gemacht. Finian dreht sich zu mir um, als hätte er einen sechsten Sinn dafür, wann ich den Raum betrete, und seine Augen weiten sich, als er mich in dem Kleid sieht. Ein Grinsen breitet sich auf seinem Gesicht aus. Dann kommt er zu mir geschlendert. »Du siehst hübsch aus.«

Die paar Worte sorgen dafür, dass mir heiß wird. Er sagt sie in einem Tonfall, bei dem die Mädchen normalerweise wahrscheinlich reihenweise in Ohnmacht fallen. Ich greife nach dem Treppengeländer und klammere mich fest. Cassie hinter mir lacht triumphierend.

»Ich hole uns was zu trinken. Du musst ein bisschen lockerer werden«, verkündet sie so laut, dass es sogar die beiden alten Männer hören, die daraufhin mit ihren Bierflaschen anstoßen. Es ist zu peinlich.

Finians Fingerspitzen streifen meinen Arm, als er mich zum Tisch führt. Ich werde es auf keinen Fall aushalten, die nächsten zwei Stunden neben ihm zu sitzen. Offensichtlich hat er auch gar nicht das Bedürfnis. Ich bin ein offenes Buch für ihn. Er weiß genau, welche Wirkung er auf das kleine, dumme Mädchen hat, denn kaum habe ich mich gesetzt, verzieht er sich wieder in die Küche. Ich bin froh, dass Sheryl in diesem Moment kommt. Sie hat Maiskolben zum Grillen mitgebracht.

Cassie bringt drei Bier, und obwohl ich schon beim ersten Schluck merke, dass dieses Getränk absolut nicht meins ist, trinke ich ein bisschen davon. Ich will schließlich kein Spielverderber sein. Und an so einer Flasche kann man sich prima festhalten.

Der Tisch bricht unter der Last der Speisen fast zusammen. Jeder hat irgendwas Leckeres mitgebracht, als wollten sie sich selbst übertrumpfen. Am besten schmecken mir die Blätterteigpasteten und die mit Käse überbackenen Kartoffelhälften. Maes Gäste zwingen mich dazu, von allem zu kosten, obwohl ich nach einer halben Stunde pappsatt bin. Während wir essen und essen, erzählt Mae von meiner Granny. Pippa und Fips steuern ebenfalls Geschichten bei. Alle hier am Tisch - außer Cassie, Sheryl, Finian und mir - leben seit ihrer Geburt in Oak Hill.

Sie sind zusammen aufgewachsen und haben keine Geheimnisse voreinander. Obwohl sie Granny viel zu früh verloren haben, sind sie nicht traurig. Ich habe den Eindruck, dass sich ihnen die Frage gar nicht stellt. Sie sind einfach glücklich, sie gekannt und zur Freundin gehabt zu haben.

Mr. Sparks ist ebenfalls gekommen. Er hatte mir schon am Telefon erzählt, dass Tante Mae ihn eingeladen hat. »Wie können wir dem Hai denn nun Maggies Haus entreißen?«, fragt George den grauhaarigen Mann, der mich durch seine runde Brille aufmerksam mustert.

»Du hast unvernünftigerweise jede Menge deiner Rechte an deinen Vater abgetreten«, sagt er dann.

Ich spüre, wie meine Hände feucht werden. Ist es wirklich zu spät? Ich habe diesen Gedanken in den letzten Tagen verdrängt.

»Er hat das Erbe an deiner Stelle angetreten und sofort den Verkauf des Hauses beauftragt.«

Ein kollektives Stöhnen ertönt und ich schüttele den Kopf.

Mr. Sparks betrachtet seine sorgfältig manikürten Fingernägel. »Leider gab es einige Probleme. Meines Wissens ist die Wasserleitung des Hauses defekt.«

Erstaunt sehe ich in die Runde und alle nicken ernst.

»Das Dach leckt und unter den Dielen ist Schimmel.«

Wieder kollektives Nicken, nur Cassie kann sich ein Grinsen nicht verkneifen.

»Mit dem Haus ist alles in Ordnung«, presse ich hervor und kann kaum glauben, dass sich hier alle gegen meinen Vater verschworen haben.

Mae steht auf. »Aber das weiß dein Vater ja nicht, er hat sich schließlich seit Jahren nicht die Mühe gemacht, herzukommen und unser Mr. Sparks kann ziemlich überzeugend sein.«

Ich schaue zu dem Anwalt, der keine Miene verzieht. »Glücklicherweise bist du ja jetzt persönlich hier, um mich zu instruieren, was mit dem alten, kaputten Haus passieren soll.«

Erwartungsvoll sehen jetzt alle mich an. Von anwaltlichen Schweigepflichten scheint man in diesem Ort noch nichts gehört zu haben und das ist auch gut so.

»Ich will das Haus behalten«, verkünde ich. »So wie es ist - mit der defekten Leitung, dem Schimmel und dem Wasser unterm Dach.«

George und Owen klatschen ein. Mae umarmt Cassie. Der Rest jubelt. Ich lächele Finian an. Das habe ich ihm zu verdanken.

»Wir haben also Zeit, die Vollmachten zu widerrufen und du kannst mit deinem Erbe machen, was du willst.« Er hebt sein Weinglas und alle anderen am Tisch machen es ihm nach. Ich weiß nicht, was ich sagen soll. Diese Menschen haben auf Grannys Haus achtgegeben, obwohl es mein Job gewesen wäre. Wenn Finian mich nicht hergebracht hätte, wer weiß, wie lange sie diese Farce noch hätten aufrechterhalten können. Mein Vater lässt sich nicht gern an der Nase herumführen. Mr. Sparks wäre in Teufels Küche gekommen.

Irgendwann zwischen Abräumen und dem Auftafeln des Nachtisches ist Finian auf den Platz neben mir geraten. Sein Arm liegt auf der Lehne meines Stuhls und sein Oberschenkel presst sich gegen meinen. Ich kann mich kaum noch auf das Gespräch konzentrieren und versuche von ihm wegzurutschen. Das funktioniert aber nicht, weil sein Daumen kleine Kreise auf die nackte Haut in meinem Nacken malt, was mich bewegungsunfähig macht. Ich schwöre, ich ziehe nur noch Klamotten an, die mir bis zum Kinn gehen. Mein Vorhaben, ihm nicht mehr zu nahe zu kommen, löst sich in Wohlgefallen auf. Ich kann mich nicht rühren. Am liebsten würde ich die Augen schließen und schnurren. Cassie sitzt mir gegenüber, ihre Mundwinkel kräuseln sich und sie sieht aus, als wüsste sie genau, was gerade in mir vorgeht.

Um uns herum versinkt die Landschaft in Dunkelheit. Die Kerzen geben ein flackerndes Licht von sich. Das allgegenwärtige Zirpen der Grillen mischt sich mit leiser Musik, unseren Gesprächen, dem Klirren der Gläser und Lachen. Ich habe mich in meinem ganzen Leben noch nie so geborgen gefühlt, obwohl ich die Menschen am Tisch nicht mal besonders gut kenne. Sie haben mich aufgenommen, weil sie meine Großmutter geliebt haben und weil sie mich als Kind kannten. Für sie scheint es ganz natürlich zu sein, sich um mich zu kümmern, als gehörte ich dazu.

George holt eine Flasche aus dem Haus. »Wir sollten auf Maggie trinken«, erklärt er und gießt die helle Flüssigkeit in kleine Gläser.

Als alle am Tisch die Gläser anheben, bleibt mir auch nichts anderes übrig. Das scharfe Zeug brennt in meiner Kehle.
Ich kriege keine Luft mehr. Alle am Tisch lachen über mich, als ich nach Luft schnappe. Finian hält mich fest, während ich huste.

»Das ist Moonshine«, verkündet George stolz. »Meine Familie brennt den Schnaps seit über hundert Jahren.«

Die Leute hier sind einfach verrückt. Ich wette, das ist verboten.

»Wir sollten fahren«, flüstert Finian und seine Lippen an meinem Ohr elektrisieren mich. Die Vorstellung mit ihm auf dem Fahrrad zurück zu Grannys Haus zu fahren, löst zugleich ein beängstigendes und ein euphorisches Gefühl in mir aus. Ich sollte Mae fragen, ob ich bei ihr schlafen kann. Das wäre klug. Das wäre das, was meine Eltern von mir erwarten. Nur leider habe ich nicht vor, jemals wieder eine ihrer Erwartungen zu erfüllen. Also trinke ich noch einen Schluck Wein, der deutlich besser schmeckt als Bier. Aber ich bin vorsichtig, nur ist es nicht der Alkohol, der mich berauscht, sondern Finians Nähe. Vor beidem sollte ich mich vorsehen. Aber ich habe das im Griff.

Zuerst brechen George und Owen auf. Sheryl hat sich angeboten, sie zu fahren. Schwankend folgen die beiden ihr Arm in Arm zum Auto. Dabei singen sie laut und völlig falsch einen uralten Countrysong.

Mae schüttelt den Kopf. »Sie konnten schon als Jungs keinen einzigen Ton halten und trotzdem wollten sie unbedingt eine Band gründen. Die war natürlich von Anfang an zum Scheitern verurteilt, weil sie ständig stritten.« Ich habe Schwierigkeiten, mir die beiden alten Männer als junge Burschen vorzustellen.

Nachdem auch Pippa und Fips verschwunden sind, räumen wir den Tisch ab.

»Ich wasche morgen ab«, bestimmt Mae. »Ihr solltet euch auf den Weg machen. Du bist bestimmt müde.« Sie nimmt mich in den Arm. Sie riecht fast so wie Granny. Nach einem Mix von frisch gebackenem Brot, Kürbissuppe und einem Parfum, das sie seit Ewigkeiten benutzt.

»Halt dich gut fest«, sagt Finian, als ich hinter ihm aufs Fahrrad klettere. Ich habe nicht darauf geachtet, wie viel er getrunken hat, fällt mir ein, als ich meine Arme um seine Hüften schlinge. Er spannt seine Bauchmuskeln an. Langsam radelt er durch die Nacht. Ich lege meine Wange an seinen Rücken und sehe in den Nachthimmel. Die Fahrt ist viel zu schnell vorbei. Er muss gerast sein und ich habe es nicht mal gemerkt.

»Du kannst mich jetzt loslassen«, sagt Finian. Irgendwas stimmt nicht mit seiner Stimme. Er klingt komisch.

Kurz überlege ich, schon reinzugehen, entscheide mich aber dagegen und laufe neben ihm her zum Schuppen. Finian schließt das Fahrrad weg. Als wir den schmalen Kiesweg zum Haus einschlagen, hat sich zwischen uns etwas verändert. Unsere Hände berühren sich, aber keiner traut sich, wirklich zuzugreifen. Ich bin mir überdeutlich bewusst, dass ich nur ein sehr dünnes Sommerkleidchen trage, wenn er eine Hand auf meinen Rücken legt, verbrenne ich. *Bitte leg eine Hand auf meinen Rücken*, versuche ich ihm mittels Telepathie mitzuteilen, aber unsere Verbindung ist offensichtlich gestört.

An der Tür taste ich hinter dem Topf mit der Hortensie nach dem Schlüssel. Ich kann ihn nicht finden, weil Finian viel zu nah hinter mir steht.

»Lass mich mal«, schiebt er mich zur Seite. Seine Hände liegen auf meiner Taille. Wir beide erstarren und im Zeitlupentempo dreht

Finian mich zu sich herum. Es brennt nur eine winzige Lampe über der Tür. Ihr Licht reicht aus, dass selbst eine unerfahrene Jungfrau wie ich das Brennen in seinen Augen sieht. Nervös lecke ich mir über die Lippen. Ich will ihn damit auf keinen Fall provozieren. »Ich möchte, dass du mich küsst.«

Finian

Ich kann nur auf ihre Lippen starren. Auf die rosa Zungenspitze, die nervös hervorschnellt. Hat sie das gerade tatsächlich gesagt? Dieses Mädchen schafft es immer wieder, mich in Erstaunen zu versetzen. Gott, ich will sie küssen, bis sie unter mir zusammenbricht. Das wollte ich schon, als ich sie zum ersten Mal gesehen habe. Meine Selbstbeherrschung hat Grenzen. Ich bin kein Superman oder so. Nur ein einziger Kuss. Zur Feier des Tages sozusagen. Nur, weil sie mich darum gebeten hat. Ich wette, in diesem Glas gibt es für den ersten perfekten Kuss ein Zettelchen. Wer bin ich, ihr diesen Wunsch nicht zu erfüllen?

Leider fühle ich mich gerade selbst wie ein Zwölfjähriger, der auf seinen ersten Kuss wartet und es total verdirbt, weil er es einfach nicht kann.

Ich will, dass dieser Kuss perfekt für sie wird. Dass sie an ihn denkt, wenn diese Tage nur noch eine ferne Erinnerung sind. Ich will wissen, wie sie schmeckt.

Ihre Augen sehen mich durchdringend an, während sie wartet. Sie hat Angst, dass ich sie zurückweise und das wäre das Klügste, was ich je in meinem Leben getan hätte. Aber wenn ich das tue, zerspringe ich.

Rayne neigt ihren Kopf nach hinten, lehnt sich an die Tür in ihrem Rücken. Unter meinen Händen fühle ich den weichen Stoff des Kleides. Ich wette, ihre Haut ist noch weicher. Unsere Lippen berühren sich, meine Hand legt sich auf ihre Wange. Nur am Rande spüre ich ihre Finger auf meinen Schultern, als müsste sie sich festhalten. Sie schmeckt so süß. Ich stupse sie mit meiner Zunge an und seufzend öffnet sie ihre Lippen für mich. Es ist nicht zum Aushalten. Jedes andere Mädchen würde ich jetzt schnappen, in mein Bett tragen und sie völlig die Kontrolle verlieren lassen. Aber dieser Kuss ist so unschuldig, so vorsichtig und trotzdem so unsagbar intensiv, dass hier nur einer die Kontrolle verliert, nämlich ich. Ich winde ihr Haar um meine Finger und unsere Zungen verbinden sich zu einem langsamen Tanz, der unmöglich gestoppt werden kann. Rayne zieht mich fester an sich. Es kann ihr gar nicht entgehen, was sie mit mir macht.

Ich verliere mich in dem Gefühl ihrer warmen Lippen auf meiner Haut, als sie mit ihnen über meine Kieferknochen zu meinem Hals wandert. Sie zupft an meinem Hemd und ich frage mich, wer hier wen verführt. Ich würde so gern ihre Haut auf meiner fühlen.

»Stopp«, flüsterte ich und ihre Finger unterbrechen ihre Wanderschaft.

Ich trete einen Schritt von ihr zurück. Sie sieht wunderschön aus, mit den leicht geschwollenen Lippen, den rosa Flecken auf ihrer Haut und dem zerzausten Haar. Den verletzten Blick und ihre zitternden Hände ignoriere ich. Ich bin ein Schwein. Aber in diese Richtung gibt es für uns keinen Weg.

Bevor ich etwas sagen kann, dreht sie sich um, findet zielsicher den Schlüssel und rennt ins Haus. Ihre Zimmertür schlägt mit einem lauten Knall zu.

Du hast alles richtig gemacht, rede ich mir ein. *Du bist nicht gut für sie. Sie hat etwas Besseres verdient.* Leider fühlt es sich von Mal zu Mal falscher an.

Rayne

Wir gehen uns aus dem Weg. Er hat mich am Tag nach dem Essen zu Mr. Sparks begleitet. Stundenlang hat der Anwalt mir jedes Detail meines Erbes auseinandergesetzt und mich darüber belehrt, was ich meinem Vater mit meinen Vollmachten alles erlaube.

Ich kann von Glück sagen, dass ich noch allein auf die Toilette gehen darf.

Mr. Sparks hat mir versprochen, sich um alles zu kümmern. Das Haus wird auf mich überschrieben und mein Dad hat keinerlei Handhabe mehr. Es gehört endgültig mir. Ich sollte glücklich und erleichtert sein. Ich würde gern mit Finian feiern, aber das kann ich gerade nicht. Ich kann ihm nicht mal in die Augen sehen. Cassie holt mich jeden Tag ab und dann helfen wir Mae im Laden. Manchmal lümmeln wir auch einfach auf der Terrasse rum. Finian bringt uns Eistee und kocht, wenn er da ist. In jedem Fall achtet er peinlich genau darauf, dass wir beide nie allein sind. Wenn ich er wäre, würde ich Koch werden und nicht Arzt. Aber ich schätze, unter seinen Händen verwandelt sich alles in irgendwas Perfektes.

»Wenn dich irgendwer will, dann dieser Bursche, der diese perfekte Jambalaya kochen kann. Für dieses Zeug könnte ich sterben«, behauptet Cassie und vertilgt die dritte Portion.

»Er will mich nicht«, widerspreche ich. »Er hat mich jetzt schon zweimal abgewiesen.«

»Abgewiesen?« Cassie sieht mich an, als ob mir ein zweiter Kopf gewachsen ist. Oder ein dritter. »Kein Mensch verwendet das Wort *abgewiesen*«, belehrt sie mich. »Hör auf zu reden wie deine Uroma. Wahrscheinlich machst du ihm Angst.«

Jetzt muss ich so sehr lachen, dass mir Reis aus dem Mund spritzt.

Cassie sieht zufrieden aus. »Endlich benimmst du dich mal normal.«

»Alles in Ordnung?« Finian gesellt sich zu uns. Wenn Cassie da ist, überschreitet er seine selbst gesteckte Grenze.

»Klar«, behauptet Cassie. »Ich versuche nur, aus Rayne einen normalen Teenager zu machen, auch wenn wahrscheinlich Hopfen und Malz verloren sind. Abgewiesen.« Die letzten Worte flüstert sie in meine Richtung und schüttelt den Kopf.

Ich sehe zu Finian. Seine Ohrläppchen röten sich, wie immer, wenn ihm etwas unangenehm ist. Selbst schuld.

Cassie, Finian und ich beginnen Grannys Blaubeeren zu süßer Marmelade zu verkochen. Er redet nur, wenn es unbedingt nötig ist. Er erzählt Cassie von Niamh. Immer nur von Niamh. Nie von seiner Mom oder seinem Dad. Ich habe mitbekommen, dass er manchmal mit seiner Schwester telefoniert. Ich bin nicht stolz darauf, aber ich habe einmal an der Tür gelauscht. Aber nur, weil ich Angst hatte, dass er ihr sagt, wann er wieder nach Hause kommt. Sie haben nicht darüber geredet und ich war erleichterter, als ich unter diesen Umständen sein dürfte. Die meiste Zeit hat er sie belehrt, dass sie besser in der Schule aufpassen soll, und er hat ihr von dem Haus erzählt. Es klang, als würde er es mögen. Meine Eltern lassen sich nicht blicken, aber ich weiß nicht, ob das ein gutes Zeichen ist. Wenn Dad den Brief von Mr. Sparks bekommt, dann wird er ausrasten. Aber er kann nichts mehr tun. Dank Finian, Mr. Sparks und Grannys Freunden habe ich gewonnen. Ich lasse mir das Haus nicht von ihm wegnehmen.

Am nächsten Samstag findet das alljährliche Gründungsfest von Oak Hill statt. Die Bewohner sind schon wochenlang vorher aus dem Häuschen und es gibt jede Menge Komitees, die das Fest planen. Die ganze Main Street wird festlich herausgeputzt. Mae hat Cassie und mich dazu verdonnert, die Verkaufsstände der einheimischen Produkte zu planen. Die Kinder der Grundschule helfen uns dabei, Plakate und Bilder zu malen, um die Stände zu verschönern. Das war Cassies Idee und die Kinder sind begeistert.

Finian hilft den Männern, den Stall auf Vordermann zu bringen, in dem die Abendveranstaltung stattfinden soll. Sie bauen eine Bühne und schleppen seit Tagen Tische und Bänke durch die Stadt. Mae behauptet außerdem, die Männer weihen die Bar ein, aber das kann sie nicht beweisen, weil den Frauen der Zugang zur Scheune verboten ist. Die ganze Stadt summt vor Betriebsamkeit und obwohl es viel zu heiß ist, beschwert sich niemand.

»Wie findest du mein Bild?«, fragt Sandy mich. Sie geht in die dritte Klasse und ist besonders eifrig. Jedes Kind darf heute einen Buchstaben oder eine Zahl malen, damit wir den Schriftzug *150 Jahre Oak Hill* aufhängen können. Sandy hat das O aus lauter kleinen Eichenblättern gemalt. Es sieht wunderschön aus. Das hätte ich in dem Alter nicht gekonnt. Ich blicke über die Kinderköpfe, beobachte, wie sie eifrig malen, tuscheln und sich auch mal um die Farbtöpfe streiten. Das alles habe ich nie gehabt. Keine beste Freundin und keine Klassenkameraden.
Bestimmt ist meinen Eltern nicht klar, was sie mir genommen haben. »Es ist toll«, antworte ich Sandy etwas verspätet. »Vielleicht hilfst du Sean ein bisschen.«

Sandy verzieht ihr Gesicht. »Ich kann ihn nicht leiden.«

»Warum nicht?« Ich sehe zu Sean, der mit der Zungenspitze zwischen den Lippen versucht sein H zu verzieren. Er ist ein hübscher Junge, auch wenn seine Haare vielleicht etwas zu lang sind.

»Er hat mich geschubst und nicht nur einmal«, verkündet sie empört und ich muss mir ein Lachen verkneifen.

»Wahrscheinlich steht er auf dich«, verkündet Cassie, die unser Gespräch belauscht hat.

Sandy zieht ihre Augenbrauen zusammen. »Deshalb schubst er mich?«

»Jungs machen manchmal sehr komische Sachen, wenn sie auf ein Mädchen stehen. Wir Frauen verstehen das einfach nicht.«

Ich kann nicht glauben, was sie der Kleinen da erzählt und stehe auf, um zu sehen, wie weit die anderen Kinder sind.

»Manchmal behaupten sie sogar, dass sie nichts von dir wollen und wollen dich trotzdem. Das ist der Moment, in dem du die Initiative ergreifen musst.« Ich bleibe wie angewurzelt stehen. Ist das ihr Ernst? Ich habe in den letzten drei Tagen jedes Gespräch über Finian unterbunden und nun versucht sie es hintenrum.

»Verstehst du?«, fragt sie die Kleine, die den Kopf schüttelt und zu einer ihrer Freundinnen geht.

»Ich ergreife gar nichts mehr«, sage ich, bevor sie mir zuvorkommt.

»Fragst du dich nicht, warum er noch hier ist? Warum fährt er nicht nach Hause zu seiner Schwester und seiner Mom? Er hat hier nichts mehr verloren.«

»Was weiß ich.« Ich werfe die Arme in die Höhe. »Vielleicht wohnt er gern mietfrei. Vielleicht hat er Lust auf Ferien. Vielleicht wollte er immer schon mal in einem Dorf mit nervtötenden Einwohnern leben, die ihre Nase in Angelegenheiten stecken, die sie nichts angehen.«

Cassie lässt sich von mir nicht aus der Ruhe bringen. »Auf deinen komischen kleinen Wunschzetteln steht nicht zufällig auch mal *Autokino besuchen*?«

Ich verschränke die Arme vor der Brust und zucke mit den Schultern, obwohl ich es genau weiß. Ich war noch nie im Kino. Weder in einem Autokino noch in einem normalen. Aber das werde ich ihr gerade jetzt nicht verraten.

»Komm schon, Prinzessin. Werd erwachsen. Du willst ihn, also angle ihn dir, bevor es eine andere macht. Ihr zwei solltet feiern, dass das Haus endgültig dir gehört. Ohne ihn wärst du nicht mal hier.«

Da hat sie leider recht. »Er ist kein Fisch und es ist mir egal, mit wem er rumknutscht«, antworte ich und bei der Vorstellung, dass er ein anderes Mädchen küsst, wird mir schlecht. Bei Cassie hört sich immer alles so einfach an. Für sie ist es das wahrscheinlich auch, denn obwohl Finian mich immer wieder stoppt, bin ich fest davon überzeugt, dass er mich will.

Ich vergrabe mein Gesicht in den Händen, als Cassie anfängt zu lachen und alle Kinder zu uns schauen.

»Du würdest jede Frau umbringen, die ihm zu nahe kommt«, verkündet Cassie. »Gib es ruhig zu.« Dann zieht sie zwei Karten aus ihrer Hosentasche und reicht sie mir. »Mit besten Grüßen von Owen und George. In Crossville ist heute Abend Autokino. Ich habe keine Ahnung, welcher Film gespielt wird, das legen die immer spontan fest, aber ich verspreche dir, es gibt kaum etwas Romantischeres, da ist der Film praktisch egal.« Sie schlendert zu zwei Jungs, die sich um die grüne Farbe zanken. »Und zieh dir etwas Anderes an als T-Shirt und Jeans. Irgendwas Heißes.«

Die Köpfe der Kinder rucken hoch, die zwei Streithähne betrachten meine praktischen Klamotten fachmännisch und nicken dann. Ich kann es nicht glauben. Was ist an Jeans und T-Shirt auszusetzen?

Ich werde ihn auf keinen Fall überreden, mit mir ins Kino zu fahren. Allein schon die Vorstellung lässt meine Füße eiskalt werden, wie kurz vor einem Auftritt in der Met. Zwei Stunden mit ihm in einem Auto, so nah nebeneinander, halte ich nie im Leben aus.

Es ist eindeutig zu warm. Die Hitze liegt dampfend über den Wiesen. Als Kind hat mir das nichts ausgemacht. Ich erinnere mich jedenfalls nicht. Das Gras ist ganz verdorrt. Ich schätze, die Farmer warten auf Regen. Allerdings ist es in Kalifornien noch schlimmer. Gestern kamen in den Nachrichten.

Berichte über Waldbrände. Ich steige auf Grannys Fahrrad. Ganz sicher bin ich zwar noch nicht, aber gestern früh habe ich beschlossen, damit in die Stadt zu fahren. Ich brauchte ewig. Nachmittags ging es schon besser. Finian hatte recht, wenn man die Technik raushat, dann muss man nur noch das Lenkrad festhalten und Hindernissen ausweichen. Es macht Spaß - trotz der Hitze. Allerdings tut mein Po ziemlich weh. Morgen mache ich mal eine Pause. Granny hat immer alles mit dem Rad gemacht, wahrscheinlich wächst nach einer Weile Hornhaut am Hintern. Die Vorstellung ist so absurd, dass ich lachen muss. Dabei übersehe ich ein Kaninchen, das plötzlich die Böschung hochspringt. Ich kann nicht mehr bremsen. Es sieht mich, hält kurz an, um abzuchecken, wie gefährlich ich bin und rennt davon. Da liege ich längst auf dem staubigen Asphalt. Meine Knie und Handflächen brennen wie Feuer. Blöd gelaufen. Ich hätte auf meine Eltern hören sollen. Vorsichtig stehe ich auf. Gebrochen ist schon mal nichts. Ich wische mir den Staub von der Stirn, hebe das Rad auf und humple die letzten Meter zum Haus. Leider ist das noch locker eine Meile entfernt. Es ist nichts passiert, tröste ich mich. Hätte ich als kleines Kind das Radfahren gelernt, wäre ich sicher schon hundertmal gestürzt.

Finian blickt erschrocken auf, als ich in die Küche komme. Er schnippelt schon wieder was Leckeres. Der Mann hat vor, mich zu mästen, bis ich dick und rund bin.

»Was ist passiert?« Er rennt zu mir und betrachtet erschrocken meine aufgeschlagenen Knie.

Bevor ich protestieren kann, nimmt er mich auf den Arm und trägt mich ins Wohnzimmer. Vorsichtig legt er mich auf der Couch ab. »Beweg dich nicht.«

»Ich bin nur hingefallen. Nicht weiter schlimm. Da war ein Kaninchen«, versuche ich zu erklären. Aber er hört mir gar nicht zu, sondern tastet an meinen Knien herum. Derweil murmelt er Sachen wie *unvorsichtig, Selbstüberschätzung* und *töricht* vor sich hin. Vielleicht hätte ich auf ihn hören sollen. Gestern haben wir uns gestritten, weil er meinte, ich müsste erst noch ein bisschen üben, bevor ich allein in die Stadt fahre. Aber ich wollte einfach selbst entscheiden und unabhängig von ihm sein. Das ist wohl in die Hose gegangen.

Finian holt feuchte Tücher und Desinfektionszeug aus der Küche. Sanft tupft er das Blut und den Dreck von meinen Knien.

»Das brennt jetzt ein bisschen«, warnt er mich, bevor er das Desinfektionsspray aufträgt und ich beiße die Zähne zusammen.

»Rutsch mal«, fordert er und setzt sich neben mich auf die Couch. Er widmet sich mit derselben Sorgfalt meinen Händen. Ich kann meinen Blick nur mit Mühe von seinem Gesicht abwenden. Er guckt, als wäre ich seine Lieblingspatientin.

»Starr nicht so, das lenkt mich ab«, fordert er, ohne den Blick von meinen Händen zu nehmen. Ich presse die Lippen zusammen und verkneife mir ein Lächeln. Es ist völlig daneben. Er will mich nicht und trotzdem soll ich mit ihm ins Autokino fahren. Das mache ich auf keinen Fall. Auf so eine Idee können nur zwei alte Männer kommen.

Als Finian fertig ist, habe ich zwei große Pflaster auf den Knien. Ich sehe aus wie eine Fünfjährige, die über ihren Sandkasten gestolpert ist. Ich wette, Finians Beuteschema ist normalerweise das glatte Gegenteil. Beine bis zum Hals, riesige Brüste und aufgespritzte Lippen.

»Einen Dollar für deine Gedanken«, sagt er.

Zum Glück bin ich auf sein Geld nicht angewiesen. Ich versuche mich an einer ausdruckslosen Miene, was nicht so einfach ist, wenn er so nah bei mir sitzt. Er beugt sich näher. Ich drücke mich tiefer in Grannys ausgelegene Couch. Er wird mich doch nicht küssen? Seine Augen funkeln heute mehr grün als blau. Er ist in den letzten Tagen noch brauner geworden, was vermutlich an der Gartenarbeit liegt. Die Bräune schimmert durch den dunklen Bartschatten. Ich schiebe meine Hände unter den Po, damit ich ihn nicht anfasse. Finian streicht mir mein Haar aus dem Gesicht und wischt mit einem feuchten Tuch über meine Stirn.

»Du warst da schmutzig«, sagt er leise. Sein Blick liegt auf meinen Lippen.

»Danke schön«, sage ich mit so fester Stimme wie möglich. Finian springt auf. Für einen kurzen Moment sieht er aus, als wäre er auf der Flucht. »Ich schaue nach den Nudeln.«

Ich habe keinen blassen Schimmer, wie ich ihm die Kinoidee verklickern soll. Ich lasse mich zurückfallen und schließe die Augen. Notiz an mich selbst: Zwei Meter Sicherheitsabstand zu Finian halten. In einem Auto geht das auf keinen Fall.

Im Flur klingelt Grannys uraltes Telefon. Offensichtlich hat es die Telefongesellschaft endlich geschafft, mich wieder mit der Außenwelt zu verbinden. Es hat sogar noch eine Wählscheibe. Man kann sich nur wundern, dass es noch funktioniert. Finian ist schneller als ich. Ich höre ihn leise diskutieren. Wahrscheinlich muss er heute Abend noch irgendwelche Möbelstücke für das Fest stemmen. Ich wäre dankbar dafür, dann muss ich ihn wegen des Kinos nicht fragen. Erleichtert schließe ich die Augen. Die Hitze und der Sturz haben mich ausgelaugt, genau wie diese Anspannung zwischen uns. Die vermutlich am meisten.

»Wann wolltest du mir das mit den Kinokarten sagen?«, reißt mich Finians Stimme aus meinen Überlegungen.

Ich öffne die Augen. Er ist ganz offensichtlich wütend, obwohl mir nicht klar ist, warum. »Ich nahm nicht an, dass du gesteigerten Wert darauf legst, mit mir einen Abend im Auto zu verbringen.«

»Das würde ich ganz gern selbst entscheiden«, gibt er zurück.

»Cassie hat sie mir erst vorhin gegeben«, lenke ich ein. »Sie sind ein Geschenk von George und Owen.«

Er steht immer noch mit verschränkten Armen vor mir. »Owen hat angerufen, weil er sicher sein wollte, dass du sie mir auch zeigst. Die Leute hier kennen dich ziemlich gut.«

»Ich weiß nicht, was du meinst.« Langsam werde ich bockig.

»Doch, ich denke schon. Du bist ein Feigling, Rayne Taylor.«

Er provoziert mich. Ich sollte mir das nicht gefallen lassen. Schließlich bin nicht ich diejenige, die ständig wegrennt.

»Du kannst gern mit Sheryl gehen«, erkläre ich süßlich. »Wenn du unbedingt hinwillst. Sie ist bestimmt ganz scharf darauf, sich mit dir eine Popcorntüte zu teilen.« *Und nicht nur das*, denke ich, aber die Bemerkung verkneife ich mir.

»Die Karten sind aber für dich und mich, also gehen wir beide.«

»Ich bin verletzt«, platzt es aus mir heraus. »Ich kann nicht.«

»Du hast ein paar kleine Kratzer. Nichts, woran man stirbt, wenn man sich bewegt, was du im Auto nicht einmal musst.« Er zieht mich so schnell hoch, dass ich an seine Brust pralle. »Geh dich duschen und zieh dir was Hübsches an. Dann fahren wir los. Bis Crossville ist es nicht weit.« Anstatt mich loszulassen, lässt er seine Finger über meine Schultern gleiten. Ich schlucke schwer. Diese harmlose Berührung bringt mein Herz zum Stolpern. Zwischen uns ist gar nichts harmlos. Er gibt mir einen Kuss auf den Scheitel, tritt so schnell zurück, dass ich taumle, und geht in die Küche.

Wütend sehe ich ihm nach. Dieses Spiel kann ich auch spielen.

»Woher hast du das Auto?«, frage ich ihn, nachdem wir ein paar Meilen gefahren sind. Der Geruch von Zigarren, der in der Fahrerkabine schwebt, erinnert mich an George.

»George hat es mir heute geliehen«, bestätigt er meine Vermutung. »Ich musste ein paar Sachen transportieren. Da haben wir unsere Autos getauscht.«

Ich sehe aus dem Fenster und muss schmunzeln. Etwas sagt mir, dass die beiden Alten diese Aktion genau geplant haben. George liebt seinen Silverado über alles. Ohne guten Grund trennt er sich nicht davon. Wahrscheinlich waren auch Mae und die Zwillinge daran beteiligt. Den Rest der Fahrt schweigen wir. Finian hat das Radio laut aufgedreht. Einen deutlicheren Hinweis, dass er nicht reden will, kann es kaum geben. Seine Hände liegen unruhig auf dem Lenkrad. Er ist nervös und knetet das abgegriffene Leder, als wollte er es abreißen. Vielleicht sollte ich etwas sagen. Ihm anbieten, dass er nicht mehr auf mich aufpassen muss. Vielleicht traut er sich einfach nicht zu gehen. Aber er ist nicht für mich verantwortlich. Wenn ich seine mageren Andeutungen richtig verstanden habe, dann braucht seine Familie ihn mehr. Nach dem Kino nehme ich mir vor, sage ich es ihm. Ich fühle mich stark genug. Im Grunde bin ich ja nicht allein. Ich habe Cassie und Mae. Sheryl, George, Owen und die Zwillinge. Die Leute in der Stadt geben mir das Gefühl, dass ich zu ihnen gehöre. Er ist mir zu nichts verpflichtet. Ich habe ihn schon viel zu lange in Beschlag genommen. Wenn er gehen möchte, kann er gehen.

Die Entscheidung fühlt sich richtig an. Warum mir bei dem Gedanken an seine Abreise Tränen in die Augen steigen, ist mir schleierhaft. Ich blinzele sie fort und versuche mich an einem Lächeln, als wir auf eine große Wiese einbiegen, auf der schon jede Menge Autos stehen. Finian reicht dem Mann am Eingang unsere Karten und dieser weist uns einen Platz zu. Ich war noch nie in einem Kino, geschweige denn in einem Autokino. Unser Platz liegt recht weit vorn, nahe der riesigen Leinwand. Vor Aufregung kribbeln meine Füße. Am Rand stehen mehrere Buden und ich rieche Popcorn. Finian parkt rückwärts auf unserem Platz ein. Verwundert sehe ich ihn an. »Was machst du? Ich dachte immer, man bleibt im Auto sitzen.«

»Das kann man auch, aber bei dem schönen Wetter ist es unter freiem Himmel viel schöner.«

Ich zucke mit den Schultern. Mir soll es recht sein. »Hat der Mann eigentlich gesagt, was läuft?«

Finians Augen leuchten auf. »47 Ronin«, erklärt er. Offensichtlich kennt er den Film. Ganz im Gegensatz zu mir. Es klingt nicht nach einer romantischen Komödie. Ich verkneife mir eine Bemerkung dazu. Es ist das Beste, wenn ich mich einfach überraschen lasse. Ich komme nicht besonders oft dazu, Filme zu schauen. Meine Zeit in der Klinik war die mit meinem höchsten

Fernsehkonsum und hat mich nicht gerade überzeugt, dass es eine sinnvolle Freizeitbeschäftigung ist. Finian steigt aus, umrundet das Auto und öffnet die Klappe der Ladefläche. Dann springt er hinauf und reicht mir eine Hand. Ich schüttele den Kopf. Das schaffe ich auch ohne Hilfe. Er zuckt mit den Achseln und macht sich an den Decken und Kissen zu schaffen, die darauf herumliegen. Die Decken gehören Mae, das erkenne ich sofort. An dem Projekt hat sich eine ganze Kupplerkompanie beteiligt. Ob Finian klar ist, was die Alten damit bezwecken? Eigentlich ist es süß von ihnen, aber es gibt Dinge, die man nicht erzwingen kann. Leider.

Wir schlendern zu einem der Popcornstände. Finian kauft eine riesige Tüte, dann lotst er mich zu dem danebenliegenden Hotdogstand. Wir haben zu Hause gegessen, aber er besteht darauf, dass ich diese Würstchen im Brötchen probiere.

»Einen Hotdog perfekt zu belegen, ist eine Kunst, die nur wenige Leute beherrschen«, erklärt er. »Meistens gibt es sowieso nicht die richtigen Zutaten. Aber nur Ketchup über das Würstchen zu kippen, ist fast eine Sünde.« Ohne mich zu fragen, löffelt er Gurkenscheiben und eine Pampe aus Zwiebeln und Ketchup auf das Würstchen. Zum Schluss gibt er gelbe Hotdogsoße darüber. Immerhin ist es schön bunt. Einen Stand weiter gibt es Corndogs. Irgendwie sehen die Dinger am Spieß vertrauenerweckender aus. Aber ich will ihm den Spaß nicht verderben. Finian kauft noch zwei Cola und dann haben wir Mühe, die Verpflegung zum Auto zurückzubringen.

Vorsichtig lege ich meine Last ab und will aufs Auto klettern, als ich Finians Hände auf meiner Taille spüre. Er hebt mich hoch und meine guten Vorsätze, ihn ziehen zu lassen, lösen sich in Wohlgefallen auf.

Wir kuscheln uns in die Kissen und Decken. Finian hat die Trennscheibe zur Fahrerkabine aufgeschoben und im Radio die richtige Frequenz für den Ton eingestellt. Die passende Musik zu den Werbetrailern erklingt. So funktioniert das also. Mittlerweile ist es dunkel. Ich beiße in meinen Hotdog. Er ist irgendwas zwischen süß, scharf und lecker. Finian beobachtet mich. Als er sieht, wie gut es mir schmeckt, nickt er zufrieden und widmet sich seinem Essen.

Er hat ungefähr doppelt so viel Chili auf die Gurken getan. Das kann nicht gesund sein. Aber ich sage nichts, ist schließlich seine Sache, wenn er sich vergiftet. Ich bin nicht für ihn verantwortlich und er nicht für mich. *Wir sind nur flüchtige Bekannte*, rede ich mir ein. Als der Hauptfilm beginnt, stellt er demonstrativ die Popcorntüte zwischen uns. Mir soll es nur recht sein. Ich will ihn nicht. Ich werde mir irgendwann einen Mann suchen, der mir nicht widerstehen kann, der liebevoll und besorgt ist. Der mir die Freiheit lässt, eigene Entscheidungen zu treffen und mich auffängt, wenn ich Fehler mache. Einen Mann wie Finian. Ich seufze leise.

Oder jedenfalls einen, der ihm ähnelt. Keine Ahnung, wo ich mit der Suche beginnen soll.

Ich versuche mich auf den Film zu konzentrieren, aber er ist schon sehr speziell. Keine Ahnung, was ich erwartet habe und bestimmt haben George und Owen das so nicht geplant. Der Donnerstag nennt sich in Crossville *Filmüberraschungstag*. Die Zuschauer wissen vorher nicht, welcher Film gezeigt wird. Männer nehmen vielleicht an, solche Actionfilme wären auch was für Frauen. Ich glaube, von dem Film kriege ich eher Albträume. Alles geht furchtbar schnell. Die gruseligen Figuren und die Hexe machen mir Angst und es spritzt ziemlich viel Blut. Einzig die Liebesgeschichte zwischen Mika und Kai gefällt mir. Die beiden haben keine Chance sich zu bekommen und trotzdem können sie nicht voneinander lassen.

Erschwerend kommt hinzu, dass ich Finians Anwesenheit nicht einfach ausblenden kann. Trotz der Popcorntüte berühren sich ständig irgendwelche Körperteile von uns.

Mal unsere Finger, während wir nach dem Zeug greifen, mal unsere Oberschenkel. Er hätte besser Stacheldraht zwischen uns spannen sollen.

Ich zucke zusammen, als ein Monster ins Bild springt. Finian lacht neben mir leise. Wütend funkele ich ihn an. Er beugt sich zu mir. »Ich könnte dich beschützen«, flüstert er.

»Du hättest doch selbst Angst, wenn so ein Monster auftaucht. Du hast ja schon vor mir Angst«, gebe ich zurück und wünschte im selben Augenblick, ich könnte mich in Luft auflösen.

Seine Augen weiten sich für einen kurzen Moment. »Du denkst, ich habe Angst vor dir?« Er stellt die Popcorntüte zur Seite und rückt näher an mich heran. »Wie kommst du auf diese Theorie?«

Ich versuche seiner übermächtigen Präsenz zu entkommen und rutsche bis an die äußerste Ecke. Das kalte Metall der Ladeflächenumrandung drückt in meinem Rücken. Finian folgt mir. Sein Gesicht ist ganz nah. »Ich warte.« Er nimmt mir die Decke weg, die ich vor Peinlichkeit bis zur Nasenspitze gezogen habe.

»Das ist mir nur so rausgerutscht«, versuche ich die Situation zu retten.

Sein Finger streicht über meine Wange. Es fühlt sich in der Dunkelheit intimer an als ein Kuss.

Finian

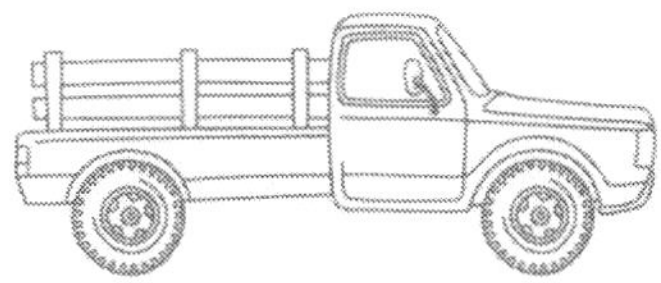

Ich werde sie nicht küssen. Sie provoziert mich bloß. Nicht sonderlich raffiniert, aber immerhin weiß sie, was sie will. Sie ist eine gelehrige Schülerin. So leicht lässt sie mich nicht von der Angel. Aber sie nicht zu küssen, fällt mir unglaublich schwer. Seit unserem letzten Kuss kann ich an nichts Anderes mehr denken. Ich will ihre Lippen spüren, ihre Haut. Ich will sie ganz für mich. Ich könnte sie lieben, für immer und ewig. Ich weiß es, aber ich weiß auch, dass es dafür zu spät ist. Ich habe es vermasselt.

Ihre Finger sind in meinem Haar und ihre Atemzüge auf meinen Lippen. Während ich über richtig und falsch grübele, hat sie längst eine Entscheidung getroffen. Ich lege meine Stirn an ihre. Sie kommt mir entgegen und öffnet ihren Mund. Ich bin auch nur ein Mann. Verzweifelt presse ich meine Lippen auf ihre und ihr Seufzen klingt, als wäre ich die Antwort auf alle ihre Gebete. Wenn ich jetzt anfange, werde ich nicht wieder aufhören können. Ich werde sie küssen, bis wir beide verloren sind. All meine angestauten Gefühle der letzten Tage drängen an die Oberfläche und vereinen sich in diesem Kuss. Ich will sie weder verlieren, noch jemals wieder verlassen. Ich will in diesem Kosmos leben, weit weg von der wirklichen Welt. Nur wir beide, der Staub, die Hitze und dieser klare Nachthimmel über uns.

Ihre Finger graben sich tiefer in mein Haar, ziehen mich näher zu sich heran.

Ihre Zunge erkundet meinen Mund und erzeugt einen Sog, der mein rationales Denken vollkommen ausschaltet. Ich liege auf ihr. Ihre Hände wandern über meinen Rücken, schieben sich unter mein Hemd, liegen auf meiner nackten Haut. Sie treibt mich in den Wahnsinn. Ich muss mich zwingen, ihr nicht an Ort und Stelle dieses Kleidchen herunterzureißen. Ich kann nicht genug von ihr bekommen und verdammt noch mal, sie weiß es. Sie weiß, dass diese Gefühle mir Angst machen. Aber sie kann nicht ermessen, wie groß diese Angst ist. Noch nie in meinem Leben hat sich etwas so richtig und gleichzeitig so falsch angefühlt. Ich will sie nicht wieder verletzen, aber wir müssen damit aufhören. Ich versuche mich von ihr zu lösen, aber sie hält mich fest umklammert. Stöhnend stürze ich mich auf ihren Hals und ihr Dekolleté. Ich setze warme Küsse auf ihre Haut, markiere sie für mich. Sie schnappt nach Luft. Ich spüre ihre Brüste durch den dünnen Stoff, verbiete mir aber, sie zu berühren, obwohl sie mir ihren Körper entgegen biegt. Ich schließe die Augen, setzte mich mit einem Ruck auf. Ich lehne mich gegen die Fahrerkabine und ziehe Rayne zwischen meine Beine. So ist sie weniger in Gefahr. Sie will protestieren, aber ich schiebe ihre Haare beiseite und bedecke ihren Nacken mit Küssen. Sie presst sich an mich, nimmt meine Hand und legt sie auf ihren Bauch. Ich streichele über ihre Taille, zu ihren Oberschenkeln. Sie windet sich unter mir, aber weiter werde ich nicht gehen, selbst wenn wir beide vor Sehnsucht fast vergehen. »Sch«, flüstere ich und küsse sie auf die empfindliche Stelle hinter ihrem Ohr. Rayne wimmert leise.

Auf der Leinwand küsst Keanu Reeves seine Geliebte zum Abschied, bevor er freiwillig in den Tod geht. Ich kenne den Film. Stewart hat mich zweimal dazu gezwungen, den Streifen mit ihm zu schauen. Ihm ging es nicht um die Liebesszenen. Ich habe noch nie so genau hingehört.

Mein Vater hat mir gesagt, diese Welt sei bloß eine Vorbereitung auf die nächste. Wenn wir sie verlassen, sei das Einzige, worauf wir hoffen können, geliebt worden zu sein. Und jemanden geliebt zu haben, erklärt Mika.

Ich werde nach Euch suchen in eintausend Welten und in zehntausend Leben, bis ich Euch finde, antwortet Kai und ich frage mich, wie er und sie das aushalten.

Ich werde in jedem einzelnen auf dich warten.

Ich halte Rayne ganz fest, als Kai stirbt. Mein Kinn liegt auf ihrer Schulter, ihre Hände verschränken sich mit meinen. Als der Abspann läuft und als die Autos um uns herum langsam vom Platz fahren, beginnt es zu regnen. Dicke Tropfen fallen vom Himmel.

Die Sterne sind verschwunden und Wind kommt auf. Ich helfe Rayne auf die Füße und wir stopfen die Decken und Kissen ins Fahrerhaus. Auf der Rückfahrt regnet es wie aus Eimern. Die Scheibenwischer können die Wassermassen kaum bewältigen. Das Gute ist, dass wir bei dem Lärm, den die Tropfen auf der Windschutzscheibe machen, nicht reden können. Ich brauche meine ganze Konzentration, um nicht von der Straße abzukommen. Allerdings will ich auch gar nicht reden. Der Regen kommt mir gerade recht. Ich möchte nichts erklären, was ich nicht erklären kann.

Als ich vor unserem Haus einparke, hat der Regen zwar abgenommen, aber trotzdem kann man kaum die Hand vor Augen sehen.

Ich sehe zu Rayne, die stur aus dem Fenster schaut. Keine Ahnung, ob sie sauer auf mich ist, aber es sieht ganz so aus. Einen guten Grund hätte sie. »Wollen wir?«, frage ich.

Sie stößt die Tür auf und springt aus dem Wagen. Ich renne ihr hinterher. Unvermittelt bleibt sie stehen und reckt ihr Gesicht in den Regen. Das Wasser läuft über ihre Haut. Dann beginnt sie sich zu drehen. Ich stehe nur daneben und grinse wie ein Idiot. Wenn Stewart mich sehen könnte, würde er mich auslachen. Ich bin verloren. Ich wette, sie hat noch nie in ihrem Leben auch nur einen Regentropfen abbekommen. Diese ganzen verpassten Gelegenheiten holt sie jetzt mit einem Mal nach. Es wäre klüger, ins Haus zu gehen, aber ich werde mich hüten, ihr diesen Vorschlag zu machen.

Sie rutscht auf dem schlammigen Boden aus, rudert mit den Armen. Ich greife nach ihr, damit sie nicht in den Dreck fällt, aber sie reißt sich los und läuft weg. Ich hole sie ein, bevor sie die Veranda erreicht. Ihre Haare hängen ihr klitschnass ins Gesicht. Ihr durchweichtes Kleid zeichnet jede einzelne Kontur ihres Körpers überdeutlich nach.

Sie lächelt mich an und ich kann nicht mehr. Es überwältigt mich einfach. Ich lege meine Wange an ihre. Atme ihren Duft und ihre Wärme ein. Ihre Haare kitzeln in meinem Gesicht, als ich meine Lippen auf ihren nassen Hals presse. Behutsam lege ich meine Hände auf ihre Taille und halte sie fest. Sie atmet ganz leise. Jedes andere Mädchen würde mich wegstoßen, würde sich rächen wollen – für all die Abfuhren, die ich ihr erteilt habe. Rayne nicht. Ihre Finger fahren über meine Wangen und meine Lippen. Sie zieht meinen Kopf zu sich herunter und küsst mich. Alles könnte so einfach sein. Der Regen tropft unablässig auf das Verandadach. Die Dunkelheit hüllt uns ein. Ich presse sie gegen die Wand des Hauses und erwidere ihre Zärtlichkeiten. Es ist wie eine Sucht, von der ich nicht loskomme. Sie hat mich eingefangen mit ihrer Unschuld, ihrem Mut und ihrem Glauben, dass Wünsche in Erfüllung gehen. Ich bin verloren.

Rayne

Ich könnte ewig mit ihm hier so stehen und ihn küssen. Mein Kleid ist pitschnass. Ich friere und das Holz der Wand drückt in meinem Rücken, aber das ist mir alles völlig egal. Ich will nirgendwo anders sein. Nur hier an diesem Ort, der mir vertrauter ist als jeder andere. Finians Lippen lösen sich von meinen. Er streicht über meine Arme und spürt die Gänsehaut, die sich darauf bildet.

»Dir ist kalt. Wir sollten reingehen«, flüstert er, macht aber keine Anstalten zur Seite zu treten. Auf meiner Vorderseite ist mir auch nicht kalt, schließlich schirmt er mich ab. »Du musst duschen. Ich will nicht, dass du dich erkältest.« Diesmal ist es anders. Er stößt mich nicht weg, obwohl er wieder eine Mauer zwischen uns baut. Sie ist nicht ganz so hoch wie sonst. Seine Fingerspitzen fahren über mein Schlüsselbein und ich erschauere. Es wäre vernünftig, hineinzugehen. Aber ich will diesen Augenblick nicht enden lassen. Zum ersten Mal fühlen seine Küsse sich an, als wollte er nicht sofort weglaufen. Finian nimmt meine Hand und zieht mich zur Eingangstür.

»Geh du zuerst duschen«, fordert er mich auf. »Und zieh dir was Warmes an. Ich mache Feuer im Kamin und koche uns Tee.«

Am liebsten würde ich ihn fragen, ob er nicht mit mir zusammen duschen möchte. Ich will ihn nicht loslassen, aus Angst, dass er sich wieder in sein Schneckenhaus zurückzieht. Irgendwas hindert ihn daran, seinen Gefühlen für mich nachzugeben und ich will wissen, was es ist.
Im Kamin lodern die Flammen, als ich zurück ins Wohnzimmer komme. Auf dem Tisch steht eine Kanne mit Tee, aus der Dampf aufsteigt. Ich habe lange geduscht, mir anschließend meine Haare geföhnt. Ich wollte ihm Zeit geben, zu entscheiden, was er will. Finian ist nicht da und wenn ich ehrlich bin, habe ich gewusst, dass er die Zeit nutzen wird, um wegzufahren. Ich nehme die Teetasse und setze mich an Grannys Sekretär. Ich werde nicht sauer auf ihn sein. Ich weiß, was ich für ihn empfinde und ich weiß, ich bin ihm nicht egal. Er verbirgt etwas vor mir und das ist es auch, was ihn zurückhält. Er redet nicht mit mir, also kann ich seine Zweifel nicht vertreiben. Ich kann nur hoffen, dass er zur Vernunft kommt und begreift, was wir in der Hand halten. Ich will, dass er mich liebt, aber ich werde ihn nicht dazu zwingen. Er muss die Entscheidung, was er will oder nicht will, ganz allein treffen. Er muss entscheiden, ob er mir sein Herz schenkt. Ich würde meines bedenkenlos in seine Hände legen.

Er kommt wieder. Ich weiß es einfach. Ich spüre es und ich werde ihm keine Vorwürfe machen. Wir haben alle Zeit der Welt. Selbst wenn morgen das wichtigste Konzert meiner gesamten

Laufbahn anstehen würde, ich würde mich nicht aus diesem Haus wegrühren, bevor Finian mir nicht gesagt hat, was er fühlt.

Und selbst wenn sich herausstellen würde, dass er für mich nicht dieselben Gefühle hat wie ich für ihn, wäre ich ihm dankbar für das, was er mir geschenkt hat. Diese Tage mit ihm kann mir niemand wegnehmen. Am wenigsten er. Ich werde sie immer in meinem Herzen tragen. Ich streiche über die Rechnungsbücher meiner Grandma und wünschte, sie wäre jetzt bei mir. Sie würde meine Hand halten und mir sagen, dass es richtig ist, meinen Gefühlen zu vertrauen. Sie würde mir sagen, dass wir das Risiko eingehen müssen, mit dem ganzen Herzen zu leben. Ich vermisse sie so schrecklich. Langsam ziehe ich die Schubladen des kleinen Schreibtisches auf. Grey liegt auf meinem Schoß und schnurrt. Das Feuer knistert leise. Auf dem Kaminsims und dem Couchtisch hat Finian Kerzen angezündet. Ansonsten liegt der Raum im Dunkeln. Vielleicht fühlt es sich deshalb an, als täte ich etwas Verbotenes. Aber Granny hat mir das Haus hinterlassen, mit allem, was darin ist. Das hoffe ich zumindest. Allerdings ist sie so schnell gestorben, dass sie vielleicht Dinge, von denen sie nicht wollte, dass ich sie finde, nicht mehr vernichten konnte. Haben wir nicht alle Geheimnisse, die wir gern mit in den Tod nehmen würden? Bestimmt übertreibe ich. Granny hat ihr ganzes Leben in diesem Ort verbracht, was sollte sie für Geheimnisse haben, von denen niemand weiß? Ich finde Rechnungen und Urlaubskarten ihrer

Freunde. Briefe meiner Mutter. Ich blättere sie durch und bin erstaunt, wie liebevoll sie klingen. Ich finde Postkarten, die Grandpa geschrieben hat und die alle mit den Worten enden: *Ich liebe dich.* Sie muss ihn wahnsinnig vermisst haben, nachdem er gestorben ist.

Ganz unten liegt ein blauer Hefter. Ich schlage ihn auf und finde Versicherungspapiere und Wertpapierurkunden. Ich werde das Zeug Mr. Sparks geben müssen. Ganz bestimmt nicht meinem Dad. Ganz unten finde ich Grannys Geburtsurkunde und Moms und dann - zu meinem Erstaunen - meine eigene. Meine Augen werden größer und größer, je öfter ich sie überfliege. Der Name meiner Mom steht darin als Mutter. Bei meinem Vater steht nur das kleine Wörtchen *unbekannt*. Schockiert lasse ich den Zettel sinken. Das ist nicht möglich. Das muss ein Irrtum sein. Bestimmt hat jemand einen Fehler gemacht. Ich stopfe die Papiere wieder in den Hefter und vergrabe ihn dort, wo ich ihn gefunden habe. Dann lösche ich die Kerzen und gehe nach oben. Zur Sicherheit schaue ich in Finians Zimmer, ob er nicht doch in seinem Bett liegt. Aber es ist leer und ich verbiete mir jeden Gedanken daran, wo er wohl gerade ist. Stattdessen krabbele ich in sein Bett und vergrabe mein Gesicht in seinem Kopfkissen. Es ist etwas erbärmlich, aber er weiß es schließlich nicht. Wenn mein Dad nicht mein Dad ist, wer ist es dann? Was hätte das überhaupt zu bedeuten? Würde es etwas ändern? Hat er mich irgendwann adoptiert? Warum hat mir das nie jemand gesagt? Je länger ich darüber nachdenke, umso größere Erleichterung macht sich in mir breit. Er hat mich mein Leben lang gefordert und gefördert, aber ich wusste nie, ob er mich auch liebt. Das hat mich verletzt und durcheinandergebracht. Allerdings habe ich jetzt vielleicht eine Erklärung gefunden. Es hat nicht wirklich etwas mit mir zu tun.

Egal, was ich gemacht hätte, ich hätte seinen Ansprüchen nie genügt. Er war gar nicht dazu fähig, mich zu lieben, weil ein anderer Mann mich gezeugt hat. Fragt sich nur, warum nicht wenigstens meine Mom mich so lieben konnte, wie man es von einer Mutter erwartet.

»Was machst du hier?«, murmele ich an seiner Brust. Ich bin offensichtlich in Finians Bett eingeschlafen, obwohl ich mir fest vorgenommen hatte, in mein Zimmer zu gehen.

»Das ist mein Bett«, antwortet er. »Du hast in meinem Bett geschlafen, als ich heimkam.«

Ich sollte die Augen aufmachen und aus dem Zimmer verschwinden. Aus seinem Bett, aber ich kann nicht. Es ist so schön warm und kuschelig. Nur noch eine Minute. »Du warst verschwunden.«

»Ich habe George seinen Pick-up zurückgebracht«, erklärt er. »Er brauchte ihn heute ganz früh.« Wir wissen beide, dass es eine

Lüge ist und keine besonders gute. Er hat Angst bekommen und ist weggerannt.

Ich rappele mich auf und steige aus dem Bett. »Ich mach mich dann mal fertig. Cassie und ich haben noch was zu erledigen.«

»Verrätst du mir auch, was es ist?«

Eigentlich will ich ihn nicht anschauen, aber meine Augen sind anderer Meinung. Er liegt mit hinter dem Kopf verschränkten Armen in seinem Bett. Komplett angezogen, versteht sich.

»Wir erfüllen uns einen Wunsch«, verkünde ich selbstbewusster, als ich mich fühle. Bestimmt tut es weh. Aber Cassie hat mich vorgestern gezwungen, einen Wunsch aus meinem Glas zu ziehen und da stand drauf: *Schmetterling auf die Schulter tätowieren.* Keine Ahnung, was mich zu diesem Wunsch bewogen hat. Ich muss in einer miesen Stimmung gewesen sein. Mit Schmerzen kann ich nicht besonders gut umgehen. Aber Cassie hat darauf bestanden und versprochen, sich auch tätowieren zu lassen. Ich konnte keinen Rückzieher mehr machen. Vielleicht sollte ich mal heimlich meine Wünsche durchgehen, nicht, dass mir noch mal so etwas passiert. Manche Wünsche sollten Wünsche bleiben. Wie der mit dem perfekten ersten Kuss. Es kann passieren, dass man von einem Wunsch nicht genug kriegen kann. Ich kichere bei dem Gedanken, lauter bunte Zettel in das Glas zu werfen, auf denen immer dasselbe steht: *Küsse von Finian.*

Fragend zieht er eine Augenbraue in die Höhe, aber ich habe nicht vor, ihm zu verraten, was wir vorhaben. Er hat auch Geheimnisse vor mir.

Trotz meines Sturzes radele ich wieder mit dem Fahrrad in die Stadt. Cassie wartet vor Maes Laden auf mich.

»Ich habe schon gedacht, du kneifst.« Heute trägt sie eine lilafarbene Strumpfhose und dazu ein langes geblümtes Top. Kein Mensch würde so etwas anziehen, aber ihr steht es komischerweise.

Mae wünscht uns viel Glück und wir schlendern zu dem einzigen Tattoostudio am Ende der Main Street.

Der Tätowierer begrüßt Cassie wie eine alte Freundin, wahrscheinlich ist sie das auch, wenn man sich ihre Arme so anschaut.

Er heißt Dan, hat einen riesigen Bauch und sieht mit seinen schwarzen Lederklamotten und einem Tuch um den Kopf aus wie ein Rocker. Allerdings hängen an den Wänden des Ladens jede Menge Mandolinen und Banjos. »Was wollen die Damen?«, fragt er und schaut mich dabei an.

»Äh. Ich weiß nicht.«

»Sie will einen Schmetterling auf der Schulter«, verkündet Cassie.

Der Typ nickt und legt einen Hefter auf den Tresen. »Such dir einen aus«, verlangt er und macht sich an seinen Gerätschaften zu schaffen. Ich blättere langsam eine Seite nach der anderen um. Ich muss Zeit schinden, vielleicht fällt mir noch eine Ausrede ein. Vielleicht fällt ein Meteorit vom Himmel.

Ein Meteorit nicht, aber Finian stürmt in den Laden.

»Seid ihr übergeschnappt?«, brüllt er. Keine Ahnung, warum er sich so aufregt.

Dan scheint es auch nicht zu verstehen. »Reg dich ab, Kleiner«, sagt er. »In meinem Laden wird nicht geschrien.« Er selbst hat eine Stimme wie ein Brummbär.

Finian ignoriert ihn und kommt zu mir. Er packt mich an den Schultern. »Es tut weh, Rayne. Es könnte sich entzünden. Lass es.«

Er ist besorgt um mich. Das ist mal wieder typisch für ihn.

Cassie beobachtet uns interessiert, obwohl sie an ihren Fingern herumknaupelt. Er soll sich nicht um mich sorgen. Was ich mit meinem Körper mache, ist meine Sache. Er will ihn schließlich nicht. Offensichtlich bin ich doch eingeschnappter, als ich sein wollte. Bilder von uns beiden geistern durch meinen Kopf, dann schüttele ich seine Hände ab. »Das geht dich nichts an, Finian. Es ist meine Sache. Am besten, du gehst.«

Betroffen guckt er mich an, fährt sich mit seinen Händen durch sein Haar. »Gehen?«

»Zu George oder Owen«, sage ich hastig. Bloß nicht zu weit weg. »Es wird nur ein winziges Tattoo, versprochen.« Ich zeige einen Abstand von vielleicht zwei Zentimetern zwischen meinem Daumen und Zeigefinger.

Cassie stöhnt verzweifelt.

»Okay. Wenn du es unbedingt willst.« Er stampft hinaus und schlägt die Tür hinter sich zu.

Ich will es doch gar nicht, schreie ich ihm im Kopf hinterher, aber da drückt Cassie mich schon auf einen Hocker. »Wir nehmen keinen Schmetterling, sondern einen Adler«, weist sie Dan an.

»Wieso?«, protestiere ich. »Ein Schmetterling ist viel schöner.«

»Weil«, erklärt sie, »Schmetterlinge nur blöd rumflattern und von jedem Windstoß auf den Boden gedrückt werden. Adler schlagen mit den Flügen und fliegen, wohin sie wollen.«

Während ich noch über diese Logik nachdenke, beginnt Dan mit seinem Werk und es tut tatsächlich weh, allerdings nicht so doll, wie ich befürchtet habe.

Zweieinhalb Stunden später verlassen Cassie und ich den Laden. Ich fühle mich irgendwie high. Wenn mir vor sechs Wochen jemand gesagt hätte, dass ich mal einen bunten Adler auf meinem Schulterblatt spazieren tragen würde, hätte ich ihn ausgelacht. Wir kichern blöd vor uns hin und ich zeige jedem, der an uns vorbeikommt, was ich getan habe. Die Stelle ist rot und ziemlich geschwollen, aber in ein paar Tagen sieht es sicher toll aus. Ich bin wahnsinnig stolz auf mich. Fast fühle ich mich, als ob ich wirklich fliegen könnte. Cassie hatte recht. Ein Schmetterling wäre kindisch gewesen. Ein Adler ist genau das Richtige für mich.

Finian

Es steht ihr, das muss ich zugeben. Und sie ist so stolz und happy, dass ich sie am liebsten geküsst hätte, als sie in die Scheune gerannt kam, um es mir zu zeigen. Ich frage mich nur, wie sie heute Nacht schlafen will. Es muss wehtun. Sie strahlt mit der Sonne um die Wette. Ganz ehrlich? Hauptsächlich bin ich eifersüchtig, weil ich diese fixe Idee habe, dass ich derjenige sein sollte, der ihr all diese Wünsche erfüllt. Aber natürlich ist das Blödsinn. Sie soll sich ihre Wünsche allein erfüllen. Sie ist stark genug dafür, auch wenn sie es selbst noch nicht weiß.

»Setz dich hin«, bitte ich sie. »Ich hole dir was zu trinken.« Ich gehe zu der Bar, die schon in Betrieb ist, und ordere ein Glas Cola. Die Männer, die eine Pause machen und Bier trinken, schlagen mir auf die Schultern und machen anzügliche Bemerkungen. Ich grinse und kann ihnen nicht böse sein, sie haben mich vom ersten Tag an aufgenommen, als würde ich dazugehören.

»Danke«, sagt Rayne und trinkt das Glas in einem Zug aus. »Fahren wir nach Hause? Ich will mich noch umziehen, bevor es losgeht.«

»Ich sag bloß Bescheid.«

Auf der Fahrt verzieht Rayne jedes Mal ihr Gesicht, wenn ich durch ein Schlagloch fahre und sie mit der Schulter gegen den Ledersitz stößt. Ich verfluche die unbefestigten Straßen und bemühe mich vorsichtiger zu sein. Es gelingt mir nur mäßig.

Als wir ins Haus kommen, tritt sie nervös von einem Fuß auf den anderen. Sie hat etwas auf dem Herzen.

»Spuck's schon aus!«, fordere ich sie auf. »Was ist los?«

»Könntest du mir helfen, meine Haare zu waschen? Ich kann sie nicht unter der Dusche waschen, aber vielleicht in der Spüle in der Küche.«

Ich schlucke. Ihr das Haar zu waschen, kommt mir plötzlich intimer vor als ein Kuss. Trotzdem nicke ich und bekomme zum Dankeschön ein strahlendes Lächeln. Sie läuft nach oben und holt Shampoo und Spülung.

Ich gieße ihr lauwarmes Wasser übers Haar. Rayne hat sich über die Spüle gebeugt. Ihre neue Errungenschaft passt zu ihr. Wenn die Schwellung weggegangen ist, wird es toll aussehen. Ich versuche mich auf den Adler zu konzentrieren, damit ich nicht ständig auf ihren Hals starren muss. Schlimm genug, dass meine Hände in ihrem Haar versinken, als ich es einschäume. Sanft massiere ich das Shampoo ein und merke, wie sie sich entspannt. Nachdem ich auch die Spülung aufgetragen habe, ist das Haar ganz weich, jedes Staubkorn ist weggespült. Der Duft des Kokosshampoos benebelt mich wie Marihuana. Ich presse meine Lippen auf ihren Nacken, bevor ich ein Handtuch um ihren Kopf schlinge. Ihre Wangen sind ganz rot und ich frage mich, ob meine Hände schuld daran sind, oder weil sie über der Spüle hing. Rayne wickelt das Handtuch fester und rennt nach oben. Ich versuche mich wieder zu fangen. Ich werde heute Nacht nicht mit ihr tanzen.

Sie kommt erst wieder die Treppe runter, als wir losmüssen. Ich kann den Blick nicht von ihr wenden. Ihr Haar liegt offen und glänzend auf ihren Schultern. Sie trägt ein weißes Kleid mit ausgestelltem Rock. Sie wird das schönste Mädchen des Abends sein und ich bin jetzt schon eifersüchtig auf die Kerle, die sie anstarren werden. Ich sollte das Haus verriegeln und mit ihr hierbleiben. Vielleicht hätte sie nichts dagegen. Ich komme mir bescheuert vor in meinen Jeans, den Stiefeln, mit Hut und kariertem Hemd. Ich sehe aus wie ein verkleideter Holzfäller. Grinsend mustert Rayne mich, setzt sie ihren Cowboyhut auf und macht einen albernen Knicks. Der Rest des Abends werde ich ihr aus dem Weg gehen, sonst kann ich für nichts garantieren.

Die Scheune ist brechend voll mit allen Männern, Frauen und Kindern aus Oak Hill. Auf der Bühne spielt eine Band Countrysongs. Ich bringe Rayne zu dem Tisch, an dem Mae mit ihren Freundinnen sitzt. Cassie und Sheryl tanzen. Es ist das Klügste, wenn ich mich an das andere Ende des Saals verdrücke, sonst werde ich mich nicht davon abhalten können, wie ein eifersüchtiger Ehemann über Rayne zu wachen, dabei soll sie sich amüsieren. Sie soll tanzen und flirten. Ich glaube, mir wird schlecht.

»Magst du was trinken?«, frage ich sie.

Rayne nickt, während ihr Blick jedes Detail des Festes begierig aufnimmt. Ich sehe schon die ersten Typen, die sich unserem Tisch nähern.

»Irgendwas mit ganz wenig Alkohol drin«, antwortet Rayne und ich brauche einen Moment, um zu kapieren, dass das die Antwort auf meine Frage ist. Dann stehe ich auf, bevor ich eine Dummheit begehe.

Als ich mit dem Getränk zurückkehre, sitzt Rayne schon nicht mehr an ihrem Platz. Sie tanzt. Ich knalle das Glas auf den Tisch und Mae sieht zu mir hoch, ein wissendes Lächeln liegt auf ihren Lippen. »Ruhig, Cowboy«, sagt sie und zwinkert.

Ich versuche es. Ich versuche es wirklich. Ich lenke mich ab, indem ich mit Cassie, Sheryl und irgendwelchen anderen Provinzschönheiten tanze. Die Mädchen in dieser Stadt sind ganz schön direkt. Mehr als eine fragt mich, ob ich mit ihr hinter die Scheune gehen will. Ich kann es nicht fassen und verrenke mir den Kopf, um Rayne nicht aus den Augen zu verlieren. Hoffentlich macht ihr keiner von den Kerlen so ein Angebot. Dann muss ich leider eine Schlägerei vom Zaun brechen.

»Jetzt tanz endlich mit ihr.« Cassie ist genervt und ich kann es ihr nicht mal verdenken. »Sie wartet doch nur auf dich.«

Ich runzele die Stirn. »Hat sie das gesagt?«

»Das braucht sie gar nicht. Man sieht euch aus hundert Kilometern Entfernung an, dass ihr beide total liebeskrank seid. Keine Ahnung, was mit euch los ist. Ihr lebt allein in diesem Haus. Mich würdest du nicht aus dem Bett rauskriegen.«

Erstaunt sehe ich sie an, aber sie lacht und schlägt mir auf die Schulter. »Mit einem Kerl, der es draufhat, nicht mit einem Schwächling wie dir.«

Ich grinse und boxe vorsichtig zurück. Dann bahne ich mir einen Weg zu Rayne. »Darf ich?«, frage ich den Kerl, der gerade mit ihr tanzt. Ich schätze, er weiß, dass das keine Bitte ist und zieht Leine. Rayne lächelt mich an und schmiegt sich in meine Arme. »Ich dachte schon, du kommst gar nicht.«

»Ich konnte dich unmöglich diesen ganzen Kerlen überlassen.«

Zwei Tänze lang habe ich sie für mich, dann muss ich zulassen, dass ich abgeklatscht werde. Sie wandert von Typ zu Typ, als ob es keine anderen Mädchen gäbe. Auf der Bühne wird der Hoedown Throwdown angestimmt und die halbe Stadt nimmt Aufstellung. Ich versuche mich zu ihr durchzudrängeln, aber Sheryl hält mich fest. Ich sehe, welchen Spaß Rayne hat, weil sie die Schrittfolge nicht hinbekommt, aber natürlich sind genug Männer da, die sie ihr immer wieder vormachen.

Sie amüsiert sich prächtig. Ich sollte es ihr gönnen, aber ich werde von Minute zu Minute unruhiger.

»Es tut ihr gut.« Ich lasse mich neben Mae auf die Bank fallen und bin mit meinen Nerven am Ende. »Entspann dich.«

»Ich versuche es«, knurre ich. »Ich versuche es wirklich.«

George und Owen sitzen mir gegenüber und kichern. Ich wünschte, ich wäre so alt wie sie und hätte diesen Liebesquatsch hinter mir. Es macht mich fertig.

Plötzlich steht Rayne auf der Bühne und Dan kündigt an, dass sie etwas spielen wird. Der riesige Tätowierer ist Chef der Countryband und hat eine winzige Mandoline in der Hand.

Rayne strahlt und nimmt eine Geige in Empfang. Das ist bestimmt kein Instrument, wie sie es gewöhnt ist. Hoch konzentriert stimmt sie es nach und ich bin gespannt, was sie spielen wird. Solange sie auf der Bühne steht, wird sie wenigstens nicht angegrapscht.

Als die ersten Takte erklingen, verstummt das Stimmengewirr. Es ist der Wahnsinn. Sie spielt das Stück nicht nur, sie lebt es. Jeder kann sehen, wie sie mit dem Instrument und den Tönen eins wird. Als sie endet, bleibt es für Sekunden totenstill, bis ein Orkan ausbricht. Die Leute klatschen und toben. Das ist es, was sie ist. Sie sollte immer auf einer Bühne stehen. Sie spielt noch ein Stück. Strahlend steigt sie danach von der Bühne und wird sofort von diesem schwarzhaarigen Kerl in Empfang genommen, der schon den halben Abend an ihr dran ist. George konnte es sich nicht verkneifen, mir zu sagen, dass er Chef der hiesigen Bank ist.

Als ich aufstehen will, hält Mae mich zurück. »Du musst ihr vertrauen«, sagt sie. Ich balle meine Fäuste und bleibe sitzen. Einatmen, ausatmen, einatmen …

Rayne

Er ist wütend auf mich. Soll er doch. Es ist mir völlig egal. Ich habe nichts Falsches getan; nur, was er von mir verlangt hat. Ich habe mit anderen Männern getanzt. Sie haben ihre Hände auf meiner Taille gehabt. Mehr nicht. Ich habe Spaß gehabt, gelacht, Moonshine getrunken, Pulled Pork gegessen und Geige gespielt. Ich habe diesen komischen Tanz gelernt, dessen Namen ich nicht mal aussprechen kann. Ich hatte noch sie so viel Spaß. Es war wunderbar.

Ich weiß nicht, was er hat. Es ist ja nicht so, dass er an einem Tanzpartnerinnen-Mangel gelitten hat. Ich habe mich amüsiert. Im Gegensatz zu ihm, wie es scheint. Das ist mir zu dumm. Ich springe aus dem Auto und laufe zum Haus. Er folgt mir nicht. Aber er wird kaum im Auto schlafen. Ich bin es leid, Rücksicht auf wessen Gefühle auch immer zu nehmen. Jedenfalls dann, wenn sie so widersprüchlich sind wie seine. Er weiß, was ich will.

Als ich aus dem Bad komme, steht er an die Wand gelehnt im Flur. Ich trage einen seltsamen Pyjama mit kleinen Bienen drauf. Er lag in Grannys Schrank. Sein Blick ist unsicher, aber er lächelt zaghaft. Vermutlich will er mal wieder eine alberne Entschuldigung vorbringen.

»Ich würde dir gern etwas erklären.« Er verschränkt seine Finger so komisch, dass die Gelenke knacken. Ich kreuze die Arme vor der Brust.

Ich habe nicht vor, es ihm leichter zu machen. »Ich bin dir verfallen, seit ich dich das erste Mal in der Klinik gesehen habe«, gesteht er und mir stockt der Atem. »Es hat mir eine Scheißangst gemacht. Ich … wir beide, das würde nie funktionieren und ich will nicht, dass du etwas nur tust, weil du die Alternativen nicht kennst.« Die Worte kommen so hastig über seine Lippen, dass er sich verhaspelt. »Es gibt sicher jede Menge Jungs da draußen, die dir die Welt zu Füßen legen können. Die besser zu dir passen. Die dich nicht belügen und nicht enttäuschen.« Er runzelt bei dieser Vorstellung wütend die Stirn und ich muss lächeln, weil mein Herz gerade überläuft.

»Dein erstes Mal bekommst du nie wieder und ich will nicht, dass du es bereust, weil du es an mich verschenkt hast.«

Ich trete an ihn heran und lege eine Hand auf seine Brust. Was er da sagt, ist so dumm, dass es dafür keine Erwiderung gibt.

»Ich habe dich hergebracht, damit du genügend Zeit hast, um herauszufinden, was du willst. Nicht, damit du an den Erstbesten deine Unschuld verlierst. Ich …«

»Ich will dich«, unterbreche ich ihn.

Finian schüttelt den Kopf. »Du würdest mich nicht mehr wollen, wenn du alles wüsstest.« Jetzt sieht er beinahe krank vor

Sorge aus. Dabei weiß ich doch alles von ihm, was ich wissen muss. Er kümmert sich liebevoll um seine Mutter und seine Schwester. Er will Medizin studieren, um anderen Menschen zu helfen. Er hat mich gerettet oder, besser gesagt, er hat mir geholfen, damit ich mich selbst retten konnte. Er ist an meiner Seite, wenn ich ihn brauche.

Er kann mein Fels in der Brandung sein und ich seiner. Ich liebe ihn und es ist mir egal, dass ich ihn erst so kurze Zeit kenne, dass er mir noch nicht mehr von sich erzählt hat. Ich will ihn nicht verlieren und das ist mir noch wichtiger, als dass er mir hier und jetzt die Klamotten vom Körper reißt. Okay, ungefähr ebenso wichtig. Ich stelle mich auf die Zehenspitzen und lege meine Lippen auf seine. Er soll nicht noch mehr von diesem Unfug reden. Scharf zieht er die Luft ein. Seine Lippen sind warm und weich. Hitze breitet sich in mir aus. Er hebt meine Hände und küsst meine Handgelenke. Ich wette, er fühlt meinen Puls unter seinen Lippen rasen. Ganz langsam fährt er mit den Fingern durch mein Haar. Er sagt nichts mehr, Worte sind auch völlig überflüssig. Alles, was ich wissen will, sagt er mir durch seine Berührungen. Ich streiche über seine Arme und dränge ihn rückwärts in mein Zimmer. Ich werde in eintausend Leben nicht bereuen, wenn er heute Nacht mit mir schläft. Wie kommt er bloß auf so einen Gedanken? Ich knöpfe sein Hemd auf. Meine Lippen wandern über seine Brust. Sein Widerstand schmilzt von Sekunde zu Sekunde mehr. Ich kann spüren, wie er sich beruhigt und wie gleichzeitig seine Anspannung zunimmt. Ich brauche ihn. Als ich aufschaue, haben seine Augen sich verdunkelt. Er steht kurz davor, die Beherrschung zu verlieren. Kurz davor, zu springen und mich mitzunehmen. Nur noch ein winziger Schritt und es wird für uns beide kein Zurück mehr geben. »Bitte«, flüstere ich. Er packt mich so unvermittelt an der Hüfte, dass ich taumele.

Er übersät meinen Hals und mein Schlüsselbein mit Küssen, bis mir schwindelig ist. Dann trägt er mich zum Bett und knöpft unendlich langsam meine Pyjamajacke auf. Es ist nicht zum Aushalten. Ich will sie mir über den Kopf ziehen und die Hose abstrampeln. Ich will nichts zwischen uns, das uns trennt, aber er hindert mich daran. Immerhin scheinen alle seine Bedenken verschwunden zu sein. Er bedeckt meinen Körper mit Küssen, seine Hände sind überall gleichzeitig und ich habe keine Ahnung, wann und wie er seine Sachen losgeworden ist. Als er sich nackt neben mich legt, stürze ich mich auf ihn. Ich will ihn überall berühren. Jede Stelle erforschen, die er bisher vor mir verborgen hat. Ihm scheint es ähnlich zu gehen, denn unser Liebesspiel fühlt sich nicht wie ein zärtliches Geplänkel an, sondern eher wie ein Kampf zweier Verhungernder um die letzte Brotkrume. Ich grabe meine Zähne in seine Schulter. Seine Zunge fährt über meinen Hals. Je mehr ich ihn spüre, umso mehr will ich ihn. Ich habe keine Angst, dass er mir wehtut, ich habe keine Angst, dass er mir etwas Unwiederbringliches wegnimmt. Ich habe eher Angst, dass er es nicht tut, denn ich weiß, er ist der Richtige für mich. Der Einzige, mit dem ich diesen Moment teilen will. Er fühlt sich unglaublich gut an. Ich betrachte sein Gesicht, während er sich in mir bewegt. Er tut es vorsichtig und kraftvoll zugleich und er sieht dabei so wunderschön aus, dass ich nichts anderes tun kann, als mich an ihm festzuhalten. Ansonsten würde ich fallen, mich endgültig verlieren.

Wir sehen uns an. Seine Augen sind beinahe schwarz. »Lass los«, flüstert er und ich tue, was er sagt.

Unsere Hüften verschmelzen miteinander. Meine Finger krallen sich in seine Haut. Ich werde diese Anspannung nicht mehr lange aushalten können. Jeder Zentimeter meiner Haut steht in Flammen.

»Rayne«, flüstert Finian meinen Namen an meinen Lippen und die Welt explodiert. Keine Ahnung, wie ich ihre Einzelteile jemals wieder zusammensetzen soll.

Erschöpft liegen wir später nebeneinander. Finian zieht eine Decke über uns, obwohl mir immer noch viel zu heiß ist. Er soll mich lieber noch einmal küssen, meine Brüste und meinen Bauch berühren und was er sonst noch so getan hat. Ich vergrabe mein Gesicht an seinem Hals und versuche meine Gefühle wieder in den Griff zu bekommen. Es gelingt mir nur mäßig. Immer noch tasten meine Hände über seinen Körper, als könnten sie nicht genug von ihm bekommen. Als müssten sie sich jedes Detail einprägen. Erst als Finian meine Tränen wegküsst, merke ich, dass ich weine. Aber dieses Mal weine ich nicht, weil ich wütend oder traurig bin. Wir sind gesprungen. Wir haben uns aneinander festgehalten und sind sicher gelandet. Selbst er wird jetzt nicht mehr behaupten können, dass es falsch war. Wir werden das hinbekommen, ganz egal, was für dumme Argumente ihm noch einfallen, warum er nicht zu mir passt.

Er hält mich fest, als ich einschlafe und als ich aufwache. Er ist nicht weggelaufen. Meine Erleichterung ist grenzenlos. Verwundert hätte es mich nicht. Ich kuschle mich an ihn und sofort ist da wieder dieses Kribbeln und das Bedürfnis, ihn zu spüren. Keiner von uns macht Anstalten aufzustehen, stattdessen wiederholen wir unser Liebesspiel von gestern Abend, nur viel langsamer.

Wir haben versprochen, beim Aufräumen zu helfen. Dummerweise müssen wir dafür das Bett verlassen. Wir duschen gemeinsam und essen nur eine Kleinigkeit, obwohl ich einen Mordshunger habe. Aber wir sind schon viel zu spät dran. Eng umschlungen verlassen wir das Haus. Finian küsst mich, als wir die Treppe mehr heruntertaumeln als -gehen. Er schiebt mich auf die Veranda und lacht leise. Ich kann meine Finger nicht von ihm lassen und er seine nicht von mir. Ob das immer so sein wird? Für den Rest unseres Lebens? Ich glaube, ich werde verrückt. Diese Vorstellung berauscht mich.

»Ich bezahle dich nicht dafür, dass du sie verführst. Sie sollte nur wieder die verdammte Geige spielen.«

Die Sonne blendet mich, als ich den Kopf der Stimme zuwende. Aber ich muss gar nichts sehen. Die Worte meines Vaters bohren sich in mein Gehirn wie der Stachel einer Wespe in meine Haut. Ich klammere mich an Finian fest, hoffe, dass er etwas sagt, damit ich weiß, dass die soeben gehörten Worte eine Lüge sind. Aber in seinem Blick liegt ein Ausdruck, der jede Hoffnung fortwischt. Das kann nicht sein. So etwas würde er nicht tun. Sicher ist es nur eine dieser bösartigen Anwandlungen meines Vaters. Er muss mich hassen. Und nun weiß ich ja auch, warum. Hätte er eine leibliche Tochter auch so behandelt? Ich werde es nie erfahren.

Meine Welt bricht zusammen, als Finian mich loslässt. Er flüstert mir etwas ins Ohr, das ich nicht verstehe, von dem ich mir aber einbilde, es heißt, *es tut mir so leid.*

Dann höre ich wieder nur die Stimme meines Vaters, die aus weiter Ferne zu kommen scheint. »Nimm deine schmutzigen Pfoten von meiner Tochter, du Bastard.«

Mir wird so übel wie noch nie zuvor. Er darf nicht gehen. Nicht, bevor er mir nicht erklärt hat, was das alles bedeuten soll. Aber er sagt nichts. Ich sehe das Bedauern in seinen Augen und der

Augenblick schrumpft auf diese beiden grünblauen Punkte zusammen.

»Warum?«, frage ich ihn und ignoriere meinen Vater, der mich wegzerren will, während er mit einem Brief herumfuchtelt und etwas von Erbe und Mr. Sparks brüllt. Mir ist das gerade völlig egal. Er kann das Haus haben, wenn er will. Ich möchte nur, dass Finian etwas sagt, die Worte meines Vaters Lügen straft. Aber er schüttelt nur den Kopf, dreht sich um und läuft einfach weg. Sekunden später höre ich den Motor seines Autos.

Und dann ist er fort.

Als ich wieder zu mir komme, ist Finian verschwunden. Ich liege auf dem Sofa im Wohnzimmer. Grannys bunte Decke ist über mir ausgebreitet und trotzdem zittere ich. Staub flirrt in der Luft und eine Fliege hat sich in dem Raum verirrt. Ansonsten bin ich allein; so allein, wie ich den Rest meines Lebens sein werde. Ich höre eine Autotür zuschlagen, dann die lauten Schritte meines Vaters, der die Treppen der Veranda nach oben stürmt.

Er muss sehr wütend sein. Die Fliegentür klappt und er kommt herein. Ein Koffer steht an der Tür und mein Vater klopft mit den Fingern ungeduldig auf das glänzende Holz der Arbeitsplatte in der Küche. Als ich ihn ansehe, kommt er zu mir.

»Warum?«, frage ich ihn nur. Mein Schweigen kommt mir rückblickend gesehen noch dümmer vor. Ich hätte mit Worten für mich kämpfen müssen, stattdessen habe ich mich in mir selbst verkrochen. Er beantwortet meine Frage nicht.

»Bist du endlich zur Vernunft gekommen?«, herrscht er mich stattdessen an. »Jetzt ist ein für alle Mal Schluss mit den Kindereien. Wir brechen sofort auf. In einer Woche stehst du wieder auf der Bühne. Du bist Verpflichtungen eingegangen, die du erfüllen wirst. Und halte mich nicht noch mal zum Narren.«

Ich nicke nur, weil ich mich zu etwas Anderem nicht imstande fühle. Kämpfen kann ich später irgendwann. Ich hatte noch nie solche Schmerzen, ohne überhaupt eine Verletzung zu haben. Mein ganzer Körper fühlt sich wund an. Ich will nicht fragen, wo Finian hin ist, da ich annehme, dass er sein Geld bekommen hat und verschwunden ist. Er hat seinen Job mit Bravour erfüllt. Er kann stolz auf sich sein, während ich mich den Rest meines Lebens fragen werde, ob irgendetwas von dem, was er in den letzten Wochen gesagt oder getan hat, ehrlich gemeint war. Ich krümme mich auf der Couch zusammen, weil es sich anfühlt, als drehte jemand Unsichtbares ein Messer in meinen Eingeweiden herum. Ich schnappe nach Luft, weil meine Lunge sich verkrampft, und presse meine Augen zusammen. Ich glaube, ich ertrinke.

Wie unendlich dumm ich war. Wenn ich darüber nachgedacht hätte, wäre ich darauf gekommen, dass etwas nicht stimmen kann. Normalerweise wäre mein Vater uns am ersten Tag gefolgt und hätte mich niemals mit Finian durchbrennen lassen. Meine ganze

Intelligenz taugt zu gar nichts, wenn ich nicht mal so einen offensichtlichen Plan durchschauen kann. Ich habe mich von Finians schönem Gesicht blenden lassen und von diesem Gefühl, das er mir gegeben hat. Das Gefühl, für ihn etwas Besonderes zu sein. Mein Vater hat sich meine soziale Unfähigkeit zunutze gemacht und mir das Herz brechen lassen. Und ich bin direkt in die Falle getappt. Wut wallt in mir auf, aber im Grunde habe ich nichts Anderes verdient.

Sechs Wochen danach

Rayne

Ich sitze mit meinen Eltern am Frühstückstisch. Wir reden nur das Nötigste miteinander, aber wenigstens meinen Dad scheint das nicht zu stören. Er versteckt sich wie jeden Morgen hinter seiner Zeitung, während ich mein Ei auf dem Teller herumschiebe. Mein Appetit ist mir an dem Tag vergangen, als ich auf so bittere Art und Weise herausfinden musste, dass Finian mich belogen und betrogen hat. Ich schließe kurz die Augen. Ich darf nicht weinen. Geheult habe ich für den Rest meines Lebens genug. Ich rutschte auf dem Plexiglasstuhl hin und her. Meine Eltern haben Unsummen dafür ausgegeben. Wie für alles in dieser sterilen, ultramodernen Wohnung im teuersten Viertel von Philadelphia. Hier gibt es keine selbst gehäkelten Decken, kein angeschlagenes Geschirr, keine Zitronenlimonade oder quietschende Fliegentüren. Keine Fliege würde es mehr als fünf Sekunden hier aushalten. Sie würde ersticken oder erfrieren. Was mache ich eigentlich noch hier, bei diesen Menschen, die behaupten, meine Eltern zu sein? Warum renne ich nicht weg? Mein Vater mag es nicht, wenn wir aufstehen, bevor er mit dem Essen fertig ist. Gerade hat er sich

eine frische Tasse Kaffee bringen lassen. Ich habe keine Kraft mehr, um aufzustehen. Ich kann nicht noch mal weglaufen vor dieser Sache, die sich mein Leben nennt.
Ich habe keine Kraft, dafür zu kämpfen, weil mir niemand zur Seite steht. Es ist, als hätte Finian mit seinem Verrat alle Energie aus mir herausgezogen. Ganz sicher werde ich eines Tages von hier fortgehen, und ich werde gehen, ohne mich noch einmal umzudrehen. Aber nicht heute. Vielleicht morgen, wenn ich es schaffe, einen Fuß vor den anderen zu setzen.

Rosa kommt herein. Auf dem silbernen Tablett, das sie trägt, liegt ein Brief. Sie reicht ihn mir und ich wende ihn in meinen Händen. Die krakelige Schrift kenne ich nicht und es steht auch kein Absender darauf. Bestimmt wieder mal ein verrückter Fan. »Darum kümmert sich die Agentur, Rosa«, sage ich und reiche ihr den Brief zurück.

Rosa schüttelt den Kopf. Sie ist schon viele Jahre bei uns, aber so ernst wie jetzt habe ich sie noch nie gesehen. »Du musst ihn lesen, jetzt sofort«, fordert sie und ich nehme mein Messer, um ihn aufzuschlitzen. Dann ziehe ich den Briefbogen heraus. Aus dem Augenwinkel sehe ich, wie Rosa meinem Vater einen besorgten Blick zuwirft, aber der hat von unserem Disput nichts mitbekommen.

Also beginne ich zu lesen.

Liebe Rayne,

wenn du diesen Brief erhältst, dann ist es mir wohl gelungen, Rosa zu überzeugen, ihn dir zu überbringen. Ich hoffe, sie bekommt deswegen keinen Ärger.
Ich wusste nicht, was ich sonst tun sollte. Ich schreibe dir, weil ich nicht länger mit ansehen kann, wie Finian leidet.

Meine Hände verkrampfen sich um den Bogen Papier, als ich Rosas Hand auf meiner Schulter spüre. »Lies weiter«, fordert sie leise.

Ich weiß, dass er einen schrecklichen Fehler begangen hat und ich weiß, wie schwer es ist, jemandem zu verzeihen, der einen so enttäuscht hat. Es gibt keine Entschuldigung. Er hätte mit dir sprechen müssen, in dem Moment, in dem er wusste, dass er dich liebt. Wenn jemals ein Junge ein Mädchen geliebt hat, dann Finian dich. Alles, was ihr zusammen erlebt habt, war echt. Das musst du mir glauben. Ich kenne meinen Bruder. Er ist zu bedingungsloser Liebe fähig und nur das hat ihn in diese Situation gebracht. Da er es dir nicht erklären kann und will, werde ich es tun, selbst wenn ich nicht verlangen kann, dass du ihm verzeihst, so kannst du ihn dann vielleicht ein bisschen verstehen.

Mom war noch ganz jung, als sie mit Finian schwanger wurde. Sie hat uns so oft von seiner Geburt erzählt, dass ich die Geschichte schon mitsprechen kann. Der Flaum auf seinem Köpfchen war so hell wie gesponnenes Gold und seine Augen blau wie das Meer. Deshalb nannte sie ihn Finian Blue. Sie hatte keine Ahnung, dass er das dunkelblonde Haar unseres Dads bekommen würde und dass alle Babys blaue Augen haben. Dad war nicht viel älter als sie und er wich die ganze Zeit nicht von ihrer Seite. Ich muss das erzählen, damit du besser verstehst, wie diese ganze Sache passieren konnte.

Ich kenne diese Geschichte nur aus Moms Erzählungen. Ich weiß nicht, wie mein Dad früher war. Ich weiß nicht, ob Finian dir von ihm erzählt hat. Wie ich ihn kenne, hat er das nicht getan. Er schämt sich nicht direkt für ihn, aber er will auch kein Mitleid, weil uns etwas so Schreckliches widerfahren ist. Als wenn irgendwer etwas dafürkönnte. Es war wohl einfach Schicksal, aber Finian kann das nicht akzeptieren. Er will dagegen ankämpfen. Das ist auch der Grund, warum er unbedingt Medizin studieren will. Selbst wenn er uns dafür verlassen muss. Damit komme ich zu dem Grund, warum er sich auf diese Sache eingelassen hat.

Unser Dad leidet an Alzheimer. Er ist außergewöhnlich früh an dieser schlimmen Krankheit erkrankt. Er war nicht mal dreißig. Wahrscheinlich ist deshalb kein Arzt darauf gekommen, was er hat. Allerdings hätte das auch nichts daran geändert. Seit fast zehn

Jahren leben wir mit seiner Krankheit. Ich kenne ihn kaum anders als verwirrt, aber für Mom und Finian ist es schlimmer. Den Verfall eines geliebten Menschen mitzuerleben, ohne etwas dagegen tun zu können, hat beide an ihre Grenzen gebracht. Im letzten Jahr haben wir beschlossen, ihn in ein Heim zu geben. Wir konnten uns nicht mehr so um ihn kümmern, wie er es braucht. Jetzt ist er nur noch am Wochenende bei uns. Leider ist dieses Heim sehr teuer. Mom schuftet bis zum Umfallen, genau wie Finian.

Wir könnten ihn in ein günstigeres Heim geben, aber die Zustände sind dort unzumutbar. Ich glaube ja nicht, dass Dad etwas davon bemerken würde. Aber das darf ich niemals laut sagen. Mom würde ausflippen. Sie liebt ihn immer noch. Ich schätze, diese übermäßige Leidenschaft für etwas oder jemanden hat Finian von ihr geerbt. Ich hoffe, ich bleibe davon verschont. Es ist ungesund, zu sehr zu lieben.

Wenn Finian uns nicht so sehr lieben würde und nicht ständig glauben würde, er müsste sich um uns kümmern, hätte er diesem Deal mit deinem Vater nie zugestimmt. Wenn er dich nicht so lieben würde, würde er jetzt nicht leiden. Ich glaube, die Liebe ist ein dummes Konzept. Aber ich bin ja auch erst fünfzehn.

Ich lasse den Brief sinken. Ich glaube, mir wird übel. Dieser Brief klingt viel zu erwachsen für eine Fünfzehnjährige. Kein Kind in dem Alter sollte so etwas schreiben müssen. Mein Frühstück bahnt sich seinen Weg zurück in meinen Mund. Ich presse die Hand davor, um nicht zu schreien. Weshalb hat er nicht mit mir geredet? Ich hätte ihm helfen können. Warum hat er sich mir nicht anvertraut? Der Brief zittert in meiner Hand, als ich weiterlese.

Dein Vater hat ihm unfassbar viel Geld geboten, wenn er es schafft, dich zum Sprechen zu bringen. Unfassbar viel, jedenfalls für uns ☺. Wir könnten Dads Heimplatz für die nächsten drei Jahre bezahlen. Finian hat den Job in der Klinik nur bekommen, weil er sich darauf eingelassen hat. Da hatte er dich noch nicht mal gesehen. Mom müsste keine Nachtschichten mehr arbeiten und ich hätte endlich ein neues Handy bekommen. Obwohl ich das jetzt gar nicht mehr will. Mein altes tut es noch eine Weile. Es klang ganz harmlos, als Finian uns davon erzählte. Dein Vater hat ihn gebeten, sich um dich zu kümmern. Es war nie die Rede davon, mit dir nach Oak Hill durchzubrennen. Es war nie der Plan, dass er sich in dich verlieben sollte. Aber ich schätze, er konnte nicht anders. Du hast sein Herz gestohlen.

Ich habe mich getäuscht, offensichtlich sind immer noch Tränen übrig. Rosa reicht mir ein Taschentuch. Meine Mutter sieht mich an. Auch sie weint. Wütend sehe ich sie an. Dazu hat sie kein Recht. Sie hat mindestens halb so viel Schuld wie mein Dad an dem ganzen Desaster. Ich werde ihnen nie verzeihen, was sie mir angetan haben. Was sie uns beiden angetan haben.

Er leidet. Ich kann dich nicht bitten, ihm zu verzeihen, aber ich kann auch nicht einfach hier sitzen und zusehen, wie er vor die Hunde geht. Ich weiß nicht, wie ich ihm sonst helfen soll. Er schämt sich, deshalb hat er sich in den ganzen Wochen nicht bei dir gemeldet. Er hasst sich für das, was er dir angetan hat. Du fragst dich vielleicht, warum ich dir das alles erzähle. Warum ich sein Leben vor dir ausbreite. Ich fühle mich schuldig, er hat diesen Drang, Dad zu ersetzen und sich um uns zu kümmern. Aber ich kann für mich selbst kämpfen. Wir hätten es auch ohne das Geld deines Vaters geschafft.

Es wäre schwerer gewesen, aber irgendwas wäre uns schon eingefallen. Wir haben zugelassen, dass er sich selbst verrät und dich verletzt, weil es für uns der einfachere Weg gewesen wäre. Jetzt stellt sich heraus, dass er Finian direkt in eine Schlucht geführt hat, die er aus eigener Kraft nicht mehr verlassen kann. Wenn du nur ein Bruchteil dessen für ihn empfindest, was er für dich fühlt, dann bitte ich dich nicht um Vergebung, sondern nur um einen kleinen Schritt.

Er fliegt am Montag nach Boston, um sein Studium anzutreten. Mom und ich sind dieses Wochenende bei Dad. Sein Zustand verschlechtert sich. Wir können ihn nicht mehr nach Hause holen.

Ich glaube, er hat es bald überstanden. Ich weiß, es ist eigentlich zu viel verlangt. Ich an deiner Stelle wäre stinkwütend. Ich hoffe, du bist es nicht und fährst zu Finian. Bitte.

Ich hoffe so sehr, dass du ihn nicht mit dieser Schuld leben lässt. Er hat dir unzählige Briefe geschrieben und sie wieder zerrissen. Er stand so oft vor deinem Haus, ohne hineinzugehen. Ich halte das nicht mehr aus.

Niamh Summers

PS: Er hat das Geld deiner Eltern übrigens nicht angenommen. Auch wenn das für dich vielleicht keinen Unterschied macht, ich finde, du solltest es wissen.

Ich springe auf, drehe den Umschlag und suche die Adresse. Erst jetzt wird mein Vater auf das stille Drama aufmerksam, das sich an seinem Tisch abgespielt.

»Rosa, ich brauche ein Taxi.«

»Kommt sofort.« Sie watschelt so schnell aus dem Zimmer hinaus, wie ihre dicken Beine sie tragen.

Meine Mom steht auf und wischt sich mit der Serviette die Mundwinkel ab. »Ist der Brief von Finian?«, fragt sie.

Ich nicke, bereit, mit ihr bis aufs Messer zu streiten. Sie werden mich nicht aufhalten. Ich bin fertig mit ihnen.

»Ich fahre dich zu ihm«, sagt sie zu meinem Erstaunen.

»Seid ihr jetzt beide übergeschnappt?«, schreit mein Dad. »In zwei Stunden müssen wir in der Konzerthalle sein.«

Meine Mom dreht sich ganz langsam um. Bedächtig zieht sie ihren Ehering vom Finger und legt ihn auf den Tisch. Ich glaube, meinen Augen nicht trauen zu können. Mir fällt auf, dass der Ansatz ihrer Haare nicht mehr blond ist. Es wächst nach. Das Rot erinnert mich an Cassie. Ich war so mit mir beschäftigt, dass es mir nicht aufgefallen ist. »Fahr, wohin du willst. Ich bringe Rayne zu Finian und du kannst nichts dagegen tun.«

Sie schiebt mich aus dem Raum. Ich bin zu verblüfft, um etwas zu sagen. Hat meine Mutter sich eben tatsächlich zum ersten Mal in meinem Leben auf meine Seite geschlagen? In meinem Kopf schwirrt es wie in einem Bienenstock. Niamhs Worte sausen darin herum. Warum hat er mir nicht von seinem Dad erzählt? Warum bin ich immer davon ausgegangen, er käme aus ähnlichen Verhältnissen wie ich?
Warum laufe ich so blind durch die Welt? Ich könnte mich selbst ohrfeigen. Seine Schwester ist mit fünfzehn erwachsener und klüger als ich.

Ich muss zu ihm. Ich weiß nicht, ob ich ihm verzeihen kann, ob ich ihm wieder vertrauen kann. Das werde ich entscheiden, wenn ich ihn sehe. Meine Sehnsucht lässt mich dumme Zukunftsträume spinnen, während wir im Auto sitzen. Mom sagt nichts, sondern drängelt sich durch die vollgestopften Straßen.

Ich fühle mich völlig leer und trotzdem übervoll mit Gefühlen. Ich habe keine Ahnung, was ich tun soll.

»Stopp!«, rufe ich plötzlich und Mom bremst. Die Autos um uns herum hupen wie verrückt. »Bring mich zu Ruby«, sage ich. Sie nickt und biegt an der nächsten Straßenecke ab. Zehn Minuten später renne ich in den Schönheitssalon, in dem meine Mutter Stammkundin ist. Ich habe nicht viel Zeit, aber ich muss etwas tun, bevor ich zu Finian fahre. Ich muss mir Mut machen. Ich erkläre Ruby, was ich vorhabe und obwohl Mom ihre Augenbrauen hochzieht, widerspricht sie nicht. Ruby grinst und reibt sich die Hände. Sie ist eine dicke, dunkelhäutige Frau mit einer Unmenge lockiger Haare und Wunderhänden, wie Mom immer betont. Anderthalb Stunden später sind meine Fuß- und Fingernägel bunt lackiert. Jeder einzelne in einer anderen Farbe und die Spitzen meiner Haare sind lila gefärbt. Es sieht verrückt aus und fühlt sich richtig an. Es fühlt sich an, als könnte ich die Welt erobern. Selbst wenn Niamh sich geirrt hat, werde ich mich nicht wieder in meinem Schneckenhaus verkriechen.
Ich werde mein Leben in die Hand nehmen und ich habe das Gefühl, dass meine Mom diesmal an meiner Seite stehen wird.

Der Gedanke beruhigt mich, obwohl ich noch nicht weiß, was ich davon halten soll. Ich habe sie bisher noch nicht gefragt, wer mein leiblicher Vater ist. Die Gelegenheit zu so einem vertraulichen Gespräch hat sich bisher nicht ergeben. Warum ist mir früher nie aufgefallen, wie wenig über persönliche Dinge in unserer Familie gesprochen wird? Wie wenig wir voneinander wissen? Im Grunde weiß ich mehr über Rosa, ihre Sorgen und Nöte als über die meiner eigenen Eltern.

Als ich wieder im Auto sitze, bekomme ich trotz meiner Mutmachaktion kalte Füße. Finian hat mich mehr verletzt als irgendjemand sonst. Okay, er hatte seine Gründe, aber ich bin nicht sicher, ob ich diese wirklich akzeptieren kann. Ich verstehe, was der Auslöser dafür war, aber ich verstehe nicht, weshalb er nicht irgendwann in der ganzen Zeit mit mir geredet hat. Er hätte seine Karten offen auf den Tisch legen müssen. Es gibt nur vier Personen, die mir wirklich nahestehen oder nahestanden. Granny hat mich um meiner selbst willen geliebt und ich sie. Sie hat mich verstanden und sie hat an mich geglaubt. Mein Vater liebt nur das Bild von mir, das er sich gemalt hat und solange ich diesem Bild entsprach, war alles gut. Ich weiß nicht, ob ich ihn geliebt habe. Bestimmt früher irgendwie. So wie kleine Mädchen eben ihren Dad lieben, solange er ihr Held ist. Meine Mom gibt mir gerade Rätsel auf.

Sie hat mich nie vor meinem Vater beschützt, aber jetzt in diesem Moment, der so gut ist wie jeder andere, trifft sie eine erste eigene

Entscheidung und stellt sich auf meine Seite. Und dann ist da Finian. Ich habe nie zuvor so heftig für jemanden empfunden, was irgendwie logisch ist, da meine Eltern versucht haben, mich ständig abzuschirmen. Ich habe wirklich geglaubt, dass er ähnlich fühlt wie ich. Aber wahrscheinlich war das naiv von mir. Ich bin total auf seine Masche hereingefallen, dabei hatte ich doch schon beim ersten Mal, als ich ihn sah, darüber nachgedacht, ob es nicht ein Trick meiner Eltern ist. Er hat mich um seinen kleinen Finger gewickelt und mir vorgegaukelt, dass er mich mag. Herauszufinden, dass er das alles nur gemacht hat, weil meine Eltern ihn dafür bezahlten, war eine dermaßen schmerzhafte Erfahrung, wie ich sie meinem schlimmsten Feind nicht wünsche. Und trotzdem blieb da immer diese nagende Frage - war das alles wirklich nur gespielt? War nichts von dem, was er mir erzählt hat, echt? Man könnte behaupten, dass ich eine hoffnungslose Romantikerin bin. Dass ich doof und naiv bin und keine Ahnung von Männern habe und das stimmt ja auch irgendwie. Und trotzdem glaube ich, dass ich ihn erkannt habe. Ich glaube, er ist mein Seelenverwandter. Und nach diesem Brief frage ich mich jetzt, warum er mir nicht vertraut hat. Gab es wirklich nicht den einen Moment, in dem er mir die Wahrheit über sich und meinen Vater hätte sagen können? Was sagt das über unsere gemeinsame Zeit aus? Wieder laufen mir Tränen über die Wangen.

Meine Mom nimmt meine Hand und drückt sie. »Alles wird gut, Rayne«, flüstert sie, und ich bin froh, dass sie es ist, die mich zu Finian bringt.

Ich habe keine Ahnung, was mich erwartet und ich weiß nicht, ob ich ihm verzeihen kann. Er hat mich zu sehr verletzt. Aber ich will noch einmal mit ihm reden. Ich will ihm noch einmal in die Augen sehen. Ansonsten werde ich nie über ihn hinwegkommen. Er hat mich den Himmel sehen lassen und in die Hölle gestoßen. Aber er hat mir geholfen, mein Haus zu behalten. Er hat mir meine Wünsche erfüllt. Ich kann ihm nicht ganz egal gewesen sein.

Mom setzt mich bei der Adresse ab, die auf dem Umschlag steht. Ängstlich schaut sie sich um und ich kann es ihr nicht verdenken. Die Straßen, durch die wir gefahren sind, sahen ziemlich heruntergekommen aus.

»Pass auf dich auf!«, ermahnt sie mich.

»Ich versuche es.« Sie meint vermutlich, dass ich mich auf den drei Metern zur Tür nicht überfallen lassen soll. Ich denke eher an mein Herz. Es hat ungefähr eine Milliarde Risse. Ein einziger Schlag genügt und es löst sich in Staub auf. Vielleicht will Finian mich gar nicht sehen. Vielleicht hat Niamh sich getäuscht.

Mom gibt mir einen Kuss auf die Wange, verwirrt sehe ich sie an und sie lächelt entschuldigend. Ich steige aus und betrachte das Haus. Die Farbe blättert von der Eingangstür und den Fensterrahmen, davor stehen Müllbeutel. Eine Katze mit zerzaustem Fell schnuppert daran. Mom sollte verschwinden. Unsere Luxuskarosse fällt hier auf wie ein bunter Hund. Ich winke ihr zum Abschied, aber sie bleibt stehen, bis ich auf die Klingel gedrückt habe, neben der der Name Summers steht. Sie wartet, bis nach unendlichen Sekunden die Tür des mit roten Backsteinen verklinkerten Hauses aufgeht. Und dann weiß ich nicht mehr, was sie tut, denn ich sehe in Finians Augen.

Finian

Das ist bestimmt ein Traum. Eine Halluzination. Ich habe in den letzten Tagen zu viel getrunken. Aber immerhin habe ich nicht die Joints geraucht, die Stewart mir zur Aufmunterung aufdrängen wollte. So tief bin ich doch nicht gefallen. Er ist beleidigt abgezischt und ich hatte endlich meine Ruhe, um mich wieder in meinem Selbstmitleid zu suhlen.

Sie kann nicht hier sein. Was ich ihr angetan habe, ist unentschuldbar. Und trotzdem steht sie vor mir, noch schöner, als ich sie in Erinnerung habe.

»Lässt du mich rein?«, fragt sie, weil ich mich nicht rühre.

Ihre Stimme zittert ein bisschen. Ich will sie an mich ziehen, sie überall küssen. Das Bedürfnis, sie zu berühren, wird übermächtig, aber ich will sie nicht erschrecken. Bestimmt ist sie nicht hier, um sich von mir verführen zu lassen. Ich schätze, sie will mich anschreien, schlagen, was auch immer. Ich an ihrer Stelle würde das tun wollen. Sie muss mich einfach hassen. Ich habe alles falsch gemacht, was falsch zu machen war. Ich hätte nicht abhauen dürfen, nachdem ihr Vater ihr die Wahrheit gesagt hat. Das bereue ich am meisten. Nach dieser Nacht, die die schönste meines Lebens war, bin ich einfach gegangen. Blödsinn. Ich bin nicht gegangen. Ich bin weggerannt wie ein Feigling. Weil ich Angst hatte, ihr in die Augen zu sehen. Ich wollte den Schmerz nicht sehen, die Enttäuschung.

Ich nicke, trete zur Seite und lasse sie hereinkommen. Sie trägt einen bunten Rock und ein Top, das ihre Schulter mit dem Adler-Tattoo entblößt. Ich atme tief ein. Der Anblick ihrer nackten Haut bringt mich aus dem Konzept, auch wenn es nur eine so unschuldige Stelle wie ihre Schulter ist. Ich muss etwas sagen, sie fragen, was sie hier tut. Aber ich folge ihr nur wie ein Idiot, während sie neugierig unsere Wohnung inspiziert. Glücklicherweise habe ich heute früh aufgeräumt.

»Darf ich mich setzen?« Sie ist in meinem Zimmer angelangt und deutet auf mein Bett. Auf keinen Fall darf sie sich auf mein Bett setzen, dann kann ich für nichts mehr garantieren. Schweiß bricht an allen möglichen Stellen meines Körpers aus, dabei habe ich gerade geduscht. Sie zieht diesen Duft von Vanille und Kokos hinter sich her, den ich so vermisst habe, dass ich kurz davor war, mir Duftkerzen zu kaufen. Damit hätte ich mein Schicksal wohl besiegelt. Niamh hätte mich ausgelacht. Sie redet seit Wochen auf mich ein, Rayne anzurufen. Und nun ist sie hier. Sie ist mutiger als ich. Wie ich mir jemals einbilden konnte, sie würde mich brauchen, ist mir schleierhaft.

Ich nicke und das Mädchen meiner Träume setzt sich auf mein Bett.

Sie streift ihre Flip-Flops ab und zieht ihre bunt lackierten Füße unter den Rock. Schade eigentlich. Sie hat die hübschesten Füße der Welt. Dann klopft sie neben sich. Ich stoße mich vom Türrahmen ab, an dem ich gelehnt habe, um nicht zu fallen, und gehe zu ihr. Mit jedem Schritt, den ich mich ihr nähere, verdichtet sich die Energie um uns mehr. Der Sauerstoff wird aus der Atmosphäre gezogen und durch reine Elektrizität ersetzt. Wenn ich bei ihr bin, werde ich sie anfassen müssen. Ich will wissen, ob sie ein Produkt meiner Fantasie ist, oder ob sie wirklich auf meinem Bett sitzt. Ich werde ihr all die Küsse geben, die ich ihr zu schenken versäumt habe. Ich werde sie zum Zittern, Stöhnen und Keuchen bringen. Ich werde sie glücklich machen. Wenn sie mich lässt. Ich balle die Fäuste, weil mir klar wird, wie unrealistisch meine Träume sind. Ich schließe die Augen, weil ich nicht will, dass das Glühen darin ihr Angst macht. Ich sollte mich am anderen Ende des Zimmers anketten. Stattdessen lasse ich mich auf mein Bett fallen, senke den Kopf und warte auf ihre Vorwürfe. Es gibt nichts zu meiner Verteidigung zu sagen. Nichts kann entschuldigen, was ich ihr angetan habe. Ein Verrat ist viel schlimmer als körperliche Schmerzen.

Sie bleibt stumm, rückt näher an mich heran. Ich spüre ihre Finger in meinen Haaren. Rayne krabbelt auf meinen Schoß und hebt mit beiden Händen mein Gesicht an. Sie sieht mir nicht in die Augen, nur auf meine Lippen. Ich glaube nicht, dass das hier gerade passiert. Es muss doch ein Drogentrip sein. Stewart hat mir etwas in meinen letzten Drink gekippt.

Aber das ist mir in dem Moment egal, in dem ich ihren Atem auf meinen Lippen spüre, ihre sanften Berührungen, ihre Haare zwischen meinen Fingern. Sie hat die Spitzen lila gefärbt. Es gefällt mir. Ich hebe sie von meinem Schoß, lege sie auf mein Bett. Schiebe das störende Top über ihren Bauch, übersäe ihn mit Küssen. Eine Stimme in meinem Kopf sagt mir, dass wir erst reden sollten, bevor wir tun, was wir gerade tun. Ich sperre sie in eine Schublade und verschließe diese. Wenn Rayne aufhören möchte, muss sie es sagen. Ich kann nicht mehr zurück. Mir ist ganz schwindelig vor Begierde, ihr erregtes Keuchen törnt mich an. Sie zieht mich zu sich hoch. Ihre Augen sind gläsern vor Lust. Wir reißen uns gegenseitig die Klamotten vom Leib und dann bin ich in ihr. Sie hält mich fest. Ich halte sie fest. Es ist absolut unbeschreiblich. Wir bewegen uns nicht, halten ganz still, während ich sie ausfülle. »Ich habe dich so vermisst«, flüstere ich in ihr Ohr, obwohl diese Worte nicht im Ansatz ausdrücken können, was ich in den letzten Wochen durchgemacht habe. Ich war verloren ohne sie.

»Ich liebe dich«, flüstert Rayne zurück. Ich habe sie nicht verdient. Ich presse mein Gesicht gegen ihre Schulter, damit sie meine Tränen nicht sieht, während sie zärtlich meinen Rücken streichelt. Dann hebt sie ihre Hüfte unter mir und es fühlt sich unglaublich perfekt an, als wir beginnen uns im Gleichklang zu bewegen. Jede Stelle meines Körpers, die sie berührt, entflammt, brennt. Ich muss im Himmel sein oder in der Hölle. Die Intensität unserer Berührungen nimmt zu. Sie gräbt ihre Finger in meine Schultern, durch meine Adern rinnt flüssige Lava.

Das Verlangen raubt mir den Verstand und ich verschlinge sie mit Haut und Haaren. Allerdings bleibt auch von mir nichts übrig.

Erschöpft liegen wir uns in den Armen, halten uns aneinander fest. Kaum ist der erste Hunger gestillt, erwacht er erneut, als Rayne über die Haut an meinem Hals leckt. Das Gefühl ist atemberaubend. Ich wusste nicht, dass Liebe und Begehren so viele Facetten haben können.

Draußen ist es dunkel, als wir es unter die Dusche schaffen. Rayne lehnt an den verkratzten weißen Kacheln und lächelt, während ich ihren Körper mit Duschbad einschäume und mich zwingen muss, sie nicht noch mal zu nehmen. Mit Bedauern wasche ich meinen Geruch von ihr ab. Danach hülle ich sie in eins von meinen

Hemden und bringe sie in die Küche. Wir müssen reden und das können wir nicht, wenn ein Bett in der Nähe ist. Obwohl ich mir auch vorstellen könnte, sie auf einem Stuhl zu verführen. Ich könnte sie küssen, bis sie sich darauf windet. *Ähm, ja. Wir müssen reden*, ermahne ich mich. Ich koche ihr Tee und mache uns Sandwiches. Ich könnte eine Kuh verschlingen, so hungrig bin ich.

»Woher wusstest du, wo ich wohne?«, ist die erste sinnvolle Frage, die mir einfällt.

»Deine Schwester hat mir einen Brief geschrieben.« Rayne stopft das Brot in ihren Mund, als hätte sie es eilig und noch etwas vor. Haben wir ja auch. »Sie hat mir erklärt, warum du das gemacht hast.« Ich setze mich nicht zu ihr, sondern lehne mich an einen Küchenschrank. So ist es sicherer. Das *das* umschreibt Rayne mit einer wedelnden Hand. Aber es hilft nichts, wir müssen es beim Namen nennen. »Sie hat mich gebeten, mit dir zu reden. Den ersten Schritt zu machen.«

»Das mit dem Reden ist ja gründlich danebengegangen.« Ich bin über sie hergefallen wie ein Wahnsinniger. Die Einsamkeit und mein schlechtes Gewissen haben mich durchdrehen lassen.

Sie lächelt mich an. »Wir reden jetzt.«

Mit zwei Schritten bin ich bei ihr, knie vor ihr nieder, lege meinen Kopf in ihren Schoß.

Rayne

Ich hatte keinen wirklichen Plan, als ich zu ihm gegangen bin. Zwar habe ich meine Füße bunt lackiert und meine Haarspitzen lila getönt, aber doch nur, um ihm zu zeigen, dass ich ihn nicht brauche, um auf eigenen Füßen zu stehen. Das ist natürlich Quatsch. Ich brauche ihn wie die Luft zum Atmen. Wie eine Verdurstende das Wasser. Ich habe keine Ahnung, wie ich die letzten Wochen überlebt habe und als er dann vor mir stand, mit seinen blaugrünen Augen, die in mein Herz sehen können, mit seinen noch feuchten dunkelblonden Locken ... Ich glaubte, ich müsse sterben, wenn er mich nicht berühren würde. Ich wollte nicht reden und irgendwelche Entschuldigungen hören. Schließlich wusste ich Bescheid, warum er so gehandelt hatte. Sein Bedürfnis, die Menschen, die er liebt, zu beschützen, ist übertrieben ausgeprägt. Wenn es nicht so wäre, hätte er mir schon in Grannys Haus gesagt, weshalb er mir geholfen hat. Er wollte mir nicht wehtun. Er wollte seine Mutter und seine Schwester nicht im Stich lassen. Ich brauche nicht mehr zu wissen. Ich glaube nicht, dass er käuflich gewesen wäre, wenn er eine andere Möglichkeit gesehen hätte, seiner Familie zu helfen. Es gibt nur eins, was ich ihm vorwerfe, dass er nicht zu mir gekommen ist. Dass er nicht geglaubt hat, ich könnte ihm verzeihen. Er hat uns Tage und Wochen geraubt und mich fast verzweifeln lassen.

Ich grabe meine Hände in sein Haar und zwinge ihn, mich anzuschauen. Er soll sich nicht für etwas schämen, das fast jeder in seiner Situation getan hätte. Mein Vater ist es, der sich schämen muss, weil er seine Notsituation so ausgenutzt hat. Niemand sollte gezwungen werden, etwas Falsches zu tun, um die zu unterstützen, die er liebt. Ich will mir gar nicht vorstellen, wie es ihn zerrissen hat. Er ist blasser als früher, seine Lippen sind aufgesprungen, das habe ich schon gemerkt, als er mich geküsst hat. Seine Hände sind rau, als hätte er zu viel gearbeitet. Das hat er vermutlich auch. Wenn er am Montag nach Boston fliegt, wollte er vorher wahrscheinlich noch so viel wie möglich arbeiten, um seiner Familie Geld dalassen zu können. Ich presse seine Handflächen gegen meine Wange.

»Es gibt nichts, wofür du dich entschuldigen oder schämen brauchst, abgesehen davon, dass du mir nicht vertraut hast. Dass du mir nicht erlaubt hast, dir zu helfen. Dass du nicht gemerkt hast, was ich für dich empfinde.« Tränen tropfen aus meinen Augen. Finian streicht sie weg.

»Das ist eine ganz schön lange Liste.« Er lächelt mich an. Die Grübchen auf seinen Wangen vertiefen sich.

»Du wirst jede Menge Zeit haben, es wiedergutzumachen.«

Er küsst jeden einzelnen meiner bunten Finger. »Ich gehe nach Boston«, erklärt er dann. Seine Augen verdunkeln sich bei diesen Worten. Er rutscht zwischen meine Beine und umschlingt mich mit seinen langen Armen. »Du könntest mit mir kommen. Was meinst du? Wir könnten zusammen auf dem Campus wohnen. Tür an Tür. Ich könnte mich jede Nacht zu dir schleichen.« Seine Stimme vibriert an meiner Brust, während er langsam die Knöpfe seines Hemdes öffnet, das ich trage.

»Ist das überhaupt erlaubt?« Ich habe nie darüber nachgedacht, an einer normalen Universität zu studieren. Warum eigentlich nicht? Ich kann schließlich nicht immer nur Geige spielen. Vielleicht ist es an der Zeit, darüber nachzudenken, was ich noch gut kann, wofür ich mich interessiere. Gerade bin ich allerdings zu abgelenkt. Dieser Mann ist unersättlich. Mir soll es recht sein.

Finian

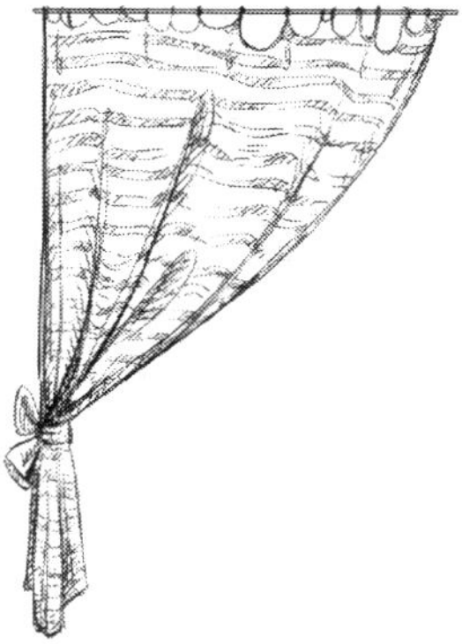

Viel zu schnell ist es Sonntagabend. Wir haben die Wohnung das ganze Wochenende nicht verlassen. Wir haben uns geliebt, sinnlose Filme geguckt, um die Zeit zu überbrücken, in der ich annahm, sie müsste erschöpft sein. Und wir haben geredet und geredet. Wir haben uns unsere Zeit in Boston in den schillerndsten Farben ausgemalt. Wobei ich den nächtlichen Part übernommen habe und sie die Tage. Ich kann es kaum erwarten, unsere Fantasien in die Tat umzusetzen.

Mom klingelt, als sie und Niamh zurückkommen. Wahrscheinlich will sie uns nicht in einer unangenehmen Situation überraschen. Ich habe Niamh geschrieben und ihr Bescheid gesagt, dass Rayne bei mir ist.

Dieser kleine Satansbraten konnte es nicht lassen und hat sich in mein Leben eingemischt. Ich werde ihr den Rest meines Lebens jeden Wunsch erfüllen und sie wird mir ständig unter die Nase reiben, dass ich mein Glück nur ihr zu verdanken habe.

Rayne sitzt ordentlich angezogen im Wohnzimmer. Während Mom in der Tür stehen bleibt und verlegen lächelt, rennt Niamh auf sie zu, fällt ihr um den Hals, bedankt sich überschwänglich und weicht ihr den Rest des Abends nicht mehr von der Seite. Es ist zum Verrücktwerden, denn nun muss ich im Sessel sitzen und bin damit meilenweit von ihr getrennt.

Mom und Niamh erzählen von Dad. Es geht ihm schlecht. Er hat einen Punkt erreicht, an dem wir jeden Tag mit dem Schlimmsten rechnen müssen.

Er leidet unter ständigen Infektionen. Eine davon wird über kurz oder lang zum Tode führen. Mom zerknüllt ein Taschentuch in ihren Händen. Ich habe Angst, dass er stirbt, aber ich glaube, ich werde auch erleichtert sein. Das ist schlimm, aber wir leben schon so lange mit seiner Krankheit und uns allen ist klar, dass dieser Tag kommen wird. Als Niamh kurz aufsteht, um zur Toilette zu gehen, nutze ich meine Chance und setze mich neben Rayne auf die Couch. Sie nicht anfassen zu dürfen, ist die reinste Folter. Trotz des traurigen Themas wirkt sie gelöst und glücklich. Sie stellt genau die richtigen Fragen, ohne zu neugierig oder ängstlich zu wirken, wie die meisten Leute, die von Dads Krankheit erfahren. Deshalb rede ich nie darüber. Mir ist es lieber, die Leute denken, er hat uns verlassen, als dass sie Mitleid mit mir haben.

Niamh streckt mir die Zunge raus, als sie zurückkommt. Aber ich werde meinen Platz nicht für sie räumen.

Später liegen wir in meinem Bett. So sehr ich Mom und Niamh liebe, aber gerade will ich nur mit Rayne allein sein. Morgen fliege ich nach Boston. Allein die Vorstellung, mich so schnell wieder von ihr zu trennen, tut weh, obwohl sie versprochen hat, so schnell wie möglich nachzukommen. Ich weiß, sie wird ihr Versprechen halten. Sie hat mit ihrer Mom telefoniert. Diese wird uns morgen zum Flughafen bringen.

Ich frage mich, wo die Frau hin ist, die ich im Krankenhaus kennengelernt habe. Was Rayne mir erzählt hat, passt nicht zu ihr. Aber manchmal geschehen ja tatsächlich noch Wunder. Eins davon liegt in meinen Armen. Meine Lippen fahren über ihre Stirn. Es ist jetzt acht Wochen her, dass ich Rayne zum ersten Mal gesehen habe. Damals war sie ein verschüchtertes Mädchen, das in einem Bett lag und nicht mehr sprach. Heute ist sie eine leidenschaftliche junge Frau, die mutig genug war, unser Glück zu erzwingen. Ich weiß nicht, welche ich mehr liebe, ich schätze einfach, dass ich jede einzelne Eigenheit von ihr vergöttern muss. Zeit genug haben wir ja jetzt. Wie ich jemals annehmen konnte, ich könnte ohne sie weiterexistieren, ist mir ein Rätsel.

Rayne

Mom wartet vor dem Haus, als wir rauskommen und uns von Niamh und seiner Mutter verabschieden. Es fühlt sich komisch an, dass sie uns zum Flughafen fährt. Aber sie hat darauf bestanden, und nachdem sie sich auf meine Seite gestellt hat, wollte ich ihr den Wunsch nicht abschlagen. Sie weiß noch nicht, dass ich auch nach Boston gehen werde. Ich könnte englische Literatur oder so etwas studieren. Meine Konzerte kann ich trotzdem noch geben. Ich muss nur lernen, sie selbst zu planen. Zukünftig werde ich alles allein in die Hand nehmen. Nachdem Finian eingeschlafen war, lag ich noch lange wach. Ich hielt ihn im Arm und malte mir unser Leben aus. Wir würden gemeinsam studieren und er würde mich auf meine Konzerte begleiten. Wir können im Sommer in Grannys Haus wohnen und im Winter in der Stadt, in der Nähe seiner Familie. Wenn er das will. Er würde ein toller Arzt werden und irgendwann würden wir Kinder bekommen. Mein Magen kribbelte bei dieser Vorstellung. In meinen Träumen war alles perfekt. Mein Vater muss mir die Verantwortung über mein Leben überlassen, ich würde ihm sämtliche Vollmachten entziehen und zukünftig für mich selbst sprechen.

Ich wollte nicht über unsere Trennung nachdenken. Ich wünschte, es gäbe eine andere Lösung. Aber es gibt Dinge, die muss ich hier und jetzt regeln. Sonst wird mein Vater versuchen, mich übers Ohr zu hauen. Ich werde kämpfen müssen.

Mom parkt das Auto am Flughafen. »Geht ihr ruhig. Ich warte hier auf dich.« Sie reicht Finian die Hand. »Danke für alles, was du für Rayne getan hast«, sagt sie und überrascht mich damit ein weiteres Mal - wie schon in den letzten Tagen immer häufiger.

»Nichts zu danken«, antwortet er. Dann legt er einen Arm um mich und nimmt seine Tasche in die andere Hand. Eng umschlungen gehen wir zum Einchecken. Er lässt mich die ganze Zeit nicht los. Wir stehen vor der Sicherheitskontrolle, bis wir uns endgültig verabschieden müssen, wenn er nicht seinen Flieger verpassen will.

»Du musst«, flüstere ich. Sein Kopf liegt auf meiner Schulter und ich spüre, wie er den Kopf schüttelt.

»Ich komme so schnell wie möglich nach. Maximal ein paar Tage. Mom wird mir helfen, alles zu regeln.«

»Das ist zu lange«, raunt er und knabbert an meinem Ohr, dass mir heiß und kalt wird. »Ich könnte auch in drei Tagen mit dir fliegen. Bis dahin könnten wir im Bett bleiben«, schlägt er vor.

Ich muss lachen. »Du musst dich in deine Kurse einschreiben, also sei vernünftig.«

»Ich war noch nie so vernünftig wie jetzt gerade«, seufzt er, löst sich aber von mir.

»Ich gehe besser«, verkünde ich mit einer Stimme, die nicht mir gehören kann. Ich will ihn nicht hinter dieser Glasscheibe verschwinden sehen. Ich vermisse ihn jetzt schon.

»Bist du ganz sicher?« Er schenkt mir einen langen letzten Kuss.

Tapfer drehe ich mich danach um und gehe zum Ausgang. Ich durchschreite die automatische Tür und hoffe, dass er mich noch mal zurückzieht, mich noch mal küsst. Ich presse die Lippen zusammen, um nicht loszuheulen. Es sind nur ein paar Tage, nichts im Vergleich zu den grauenhaften Wochen, die hinter mir liegen. Heute weiß ich, dass er mich liebt und genauso wenig ohne mich sein kann wie ich ohne ihn. »Ich schaffe das, ich schaffe das, ich schaffe das«, murmele ich vor mich hin und überquere die Straße vor dem Terminal. Nur nicht umdrehen. Meine Mom winkt mir vom Parkplatz aus zu. Ich beschleunige meine Schritte.

»Rayne!« Jetzt drehe ich mich doch um. Ein Strahlen liegt auf seinem Gesicht. Ein letzter Kuss. Wir sehen uns an und er läuft mir hinterher. Keiner von uns beiden sieht das Auto, das mit völlig überhöhter Geschwindigkeit auf uns zurast.

Bremsen kreischen, Menschen schreien. Ein Aufprall. Finian fliegt in Zeitlupe durch die Luft, knallt auf den Asphalt, hüpft noch mal hoch und bleibt dann seltsam verdreht liegen. Ich kann mich nicht bewegen. Die Welt bleibt stehen, alles um mich ist totenstill. So lange, bis die entsetzten Schreie wieder an mein Ohr dringen, meine Mutter mich packt und schüttelt. Meine Erstarrung fällt von mir ab. Ich renne zu ihm, schreie, boxe. Drängle mich durch die Menschen, die ihn umringen und falle auf die Knie. Überall ist Blut. Ich weiß nicht, wo ich ihn anfassen darf. Finian bewegt seinen Kopf und ich schluchze erleichtert auf. Er lebt.

Mit den Fingerspitzen streiche ich seine Locken aus dem Gesicht. Küsse ihn vorsichtig. »Gleich kommt jemand. Sie werden dir helfen.« Tränen tropfen auf sein Gesicht, vermischen sich mit seinem Blut. »Du wirst wieder gesund. Beweg dich nicht. Hast du Schmerzen?«

Finian lächelt und versucht den Kopf zu schütteln. Kurz schließt er die Augen. Ich nehme seine Hand, küsse seine Finger.

»Rayne«, flüstert er meinen Namen.

»Pst«, antworte ich leise. »Ich bin da. Du darfst nicht sprechen.«

Er hört nicht auf mich. »Ich werde dich suchen in eintausend Welten und in zehntausend Leben, bis ich dich finde«, flüstert er aber ich verstehe jedes Wort.

In der Zeit unserer Trennung habe ich diesen Film bestimmt einhundert Mal gesehen. Ich kann jedes einzelne verdammte Wort mitsprechen, aber ich will es nicht aus seinem Mund hören.

»Ich werde in jedem einzelnen auf dich warten«, flüstere ich, weil mir nichts Anderes zu sagen bleibt.

Finian lächelt und seine Augen werden blicklos. Mein Herz zerspringt in winzige Teilchen, die sich langsam auflösen. Ich klammere mich an seine Brust. Das Blut, das überall an seinem Körper zu sein scheint, ist mir egal. Ich muss ihn festhalten. Er darf mich nicht verlassen. Ich will ihn schütteln, habe aber Angst, ihm wehzutun. Warum hilft uns niemand? Ich streiche über sein Gesicht, schließe seine Augen, suche einen Puls. Die ganze Zeit weine und schluchze ich. Er darf mich nicht verlassen, nicht jetzt, nicht so. Sirenengeheul kommt näher.

»Sie werden dich retten«, flüstere ich ihm ins Ohr. Er ist ganz warm. Ich umklammere seine Hand fester, lege meinen Kopf auf seine Brust. »Alles wird gut«, behaupte ich immer und immer wieder. Wenn ich ihn verliere, werde ich sterben. Mein nicht mehr vorhandenes Herz hört auf zu schlagen, weil es in seiner Brust so still ist. Ich schließe die Augen und halte die Luft an. Er kann noch nicht fort sein, nicht, wenn ich hier bei ihm bin. *Du musst mich gehen lassen,* höre ich seine Stimme in meinem Kopf.

»Das werde ich nie«, murmele ich, vergrabe mein Gesicht in seiner Halsbeuge und presse meine Lippen auf seine Haut.

Sekunden später werde ich von ihm weggezogen. Ich will mich an ihm festklammern, aber ich habe keine Kraft dazu. Meine Mutter nimmt mich und hält mich fest. Etwas, das sie noch nie getan hat. Die Sanitäter bringen Finian in den Rettungswagen, also kann er noch nicht tot sein. Hoffnung keimt in mir auf. Ich versuche mich loszureißen. Ich muss ihnen sagen, dass sie ihn retten müssen. Sie lässt mich nicht los. Die Zeit fließt zäh wie Honig. Die Stimmen um mich herum verschwimmen zu einem Rauschen, in dem nur das Entsetzen mitklingt. Ich kann mich nicht mehr bewegen. Das Einzige, was ich spüre, sind die Arme meiner Mutter, die mich festhalten und davor bewahren, zu zerplatzen wie eine Seifenblase. Ich will nicht wahrhaben, was geschehen ist. Hätte ich nicht darauf bestanden, dass er heute fliegt, lägen wir jetzt im Bett. Wäre ich mit ihm geflogen, säßen wir jetzt im Flieger. Ich bin schuld, wenn er stirbt. Das Schicksal kann nicht so grausam zu uns sein.

Die Tür des Wagens klappt auf. Ich sehe, wie der Sanitäter mit meiner Mutter einen Blick wechselt. Sie schauen sich an und der Mann schüttelt den Kopf. Meine Lippen bewegen sich, aber das Wort *Nein*, das ich schreien will, verlässt meinen Mund nicht. Im Inneren des Wagens zieht der zweite Sanitäter ein weißes Tuch über Finians geschundenen Körper. Der andere kommt auf zu uns. Ich winde mich mit schier übermenschlicher Kraft aus der Umarmung meiner Mutter. Ich will zu ihm und dieses grausame Tuch von seinem Gesicht ziehen. Er bekommt doch keine Luft.

Der Sanitäter bleibt vor uns stehen. Er sagt nichts. Er öffnet nur seine Hand, in der ein kleiner gelber Post-it liegt. Blut klebt daran, trotzdem kann ich die Worte lesen, die Finian geschrieben hat. *Ich liebe dich, vergiss das nie.*

Das Schicksal ist grausam. Dann falle ich und ich weiß mit Sicherheit, dass ich nie, nie wieder irgendwo ankomme. Ohne Finian werde ich immer irgendwo im Nirgendwo hängen bleiben. Sie können ihn mir nicht fortnehmen. Nicht jetzt. Nicht so. Wir haben uns doch gerade erst gefunden. Ich kann ohne ihn nicht leben. Ich will auch sterben, ich will bei ihm bleiben. Ich will …

Sieben Jahre danach

Ich hebe mein Weinglas und proste meiner Mutter zu. Sie steht am anderen Ende des Saales, lächelt und wendet sich wieder ihrem Gesprächspartner, dem Direktor der Universität von Knoxville, zu. Mit den Augen suche ich den Raum ab und entdecke Blue im Gespräch mit einem Mann, den ich nicht kenne. Ich betrachte das ernsthafte Gesicht meines Sohnes und mein Herz zieht sich vor Stolz zusammen. Er ähnelt seinem Vater so sehr, dass es wehtut, und er ist das Beste, was ich jemals im Leben zustande gebracht habe. Die beiden schlendern auf mich zu. Ich stelle mein Glas zur Seite und knie mich vor meinen Sohn. Sein Hemd hängt ihm aus der Hose und sein widerspenstiges dunkles Haar steht ihm vom Kopf ab. Ganz egal, wie ordentlich Mom ihn zurechtmacht, wir können darauf wetten, dass er nach zehn Minuten aussieht wie ein Rabauke. Ich liebe ihn dafür. »Langweilst du dich?«, frage ich besorgt. Er mag diese Empfänge nicht besonders, aber ich lasse ihn ungern allein zu Hause. Cassie konnte heute nicht auf ihn aufpassen. Blue schüttelt zu meiner Verwunderung den Kopf und schaut zu dem Mann hoch.

»Darf ich den Kleinen für einen Moment entführen?«, fragt dieser. Seine Stimme ist sympathisch, genau wie sein Gesicht. Seine Krawatte sitzt schief, und während ich über seine Frage nachdenke, fällt mir auf, dass er auf komische Weise meinem kleinen Sohn ähnelt.

In seinen grünen Augen steckt die gleiche Neugier auf die Welt wie in Blues. Ich verschränke die Arme vor der Brust. »Wohin?«, frage ich.

»Nur zwei Räume weiter. Ich habe dort mein Büro und ich würde Blue gern das Modell eines Atoms zeigen. Man trifft nicht alle Tage kleine Jungs, die sich für so etwas interessieren.«

»Bitte, Mom«, fleht Blue und klimpert mit seinen langen Wimpern. Er weiß genau, dass ich ihm nichts abschlagen kann.

»Nur zwei Büros?«, hake ich nach.

Der Mann nickt und hält mir seine Hand hin. »Dr. Noah Swift. Ich bin Physiker. Hier im Institut.«

»Es freut mich, Ihre Bekanntschaft zu machen«, erwidere ich und nehme seine Hand. Sie liegt warm und fest in meiner. Ein Prickeln breitet sich von meinem Handgelenk bis in meinen Arm aus. Überrascht sehe ich ihn an. Er lächelt. An einem seiner Schneidezähne ist eine winzige Ecke abgebrochen. Automatisch erwidere ich das Lächeln, weil dieser Makel sein hübsches Gesicht viel anziehender macht. Verwundert über diesen Gedanken, löse ich meine Hand. Blue schaut mich immer noch erwartungsvoll an. »Zehn Minuten«, erlaube ich den beiden.

Wie selbstverständlich nimmt Noah Blues Hand und dieser hüpft aufgeregt neben ihm her aus dem Saal.

Ich greife nach einem neuen Glas Orangensaft und schlendere zwischen den Menschen umher, die in Grüppchen herumstehen. Immer wieder werde ich in Gespräche verwickelt, aber ich halte mich nirgendwo lange auf. Als ich auf die Uhr schaue, sind bereits fünfzehn Minuten vergangen und ich beschließe, mich auf die Suche nach Blue zu machen. Unruhe erfasst mich, als ich auf den Flur trete, der im Dämmerlicht liegt, aber da höre ich bereits sein Lachen. So schnell mein schmal geschnittenes Kleid und die hochhackigen Schuhe es zulassen, laufe ich zu der offenen Tür auf der anderen Seite des Ganges. Als ich das Büro erreiche, bleibe ich abrupt stehen und lehne mich an den Türrahmen. Noah und Blue haben ihre Jacketts ausgezogen und liegen auf dem Boden, was gar nicht so einfach ist, weil überall Bücherstapel, Zeitschriften und Modelle herumliegen. Außerdem bevölkern leere Pizzakartons und Kaffeetassen den verkramten Schreibtisch. An einer Wand zwischen zwei Bücherregalen hängt eine Tafel - vollgekritzelt mit mathematischen Formeln. Die beiden bemerken mich gar nicht und sind völlig darin versunken, zwischen dem ganzen Kram eine elektrische Eisenbahn aufzubauen. Ich räuspere mich und Noah schaut schuldbewusst hoch. »Wir haben die Zeit vergessen, oder?«

Ich nicke und er sieht ganz zerknirscht aus. »Blue hat meine Eisenbahn entdeckt. Ich habe sie letzten Winter hier eingelagert. In meiner Wohnung ist leider kein Platz dafür und aus meinem Kinderzimmer zu Hause haben meine Eltern einen Fitnessraum gemacht.« Er erzählt mir das mit solcher Empörung, dass ich unwillkürlich lachen muss. Dabei war ich gerade noch sauer, weil ich mich auf sein Wort nicht verlassen konnte.

Blue steckt weiter Schienen zusammen und Noah kommt zu mir. »Er ist ein sehr kluger Junge.«

»Er kommt nach seinem Vater«, erwidere ich automatisch und Noah nickt. Wahrscheinlich kennt er die Geschichte. Die Presse hat es sich nicht nehmen lassen, jedes Detail durchzukauen, nachdem bekannt geworden war, dass ich schwanger bin und natürlich haben sie Finians und meine Geschichte ausgegraben. Ich schätze, mein Vater hat sie dem Meistbietenden verkauft. Ich kann kaum glauben, dass das alles schon sieben Jahre her ist. Oft genug kommt es mir vor, als sei es erst gestern gewesen, auch wenn es nicht mehr so wehtut. Ich weiß nicht, wie ich ohne Blue überlebt hätte. Für ihn musste ich stark sein.

Cassie hat damals die alles entscheidenden Worte zu mir gesagt, in dem Moment, in dem ich kurz davor war, mir das Leben zu nehmen, weil der Schmerz einfach zu übermächtig war. *Du kannst jetzt auch sterben, aber du kannst auch kämpfen. Nicht für Finian und nicht für das Baby in deinem Bauch. Sondern einfach nur für dich. Er hätte es gewollt und das weißt du.* Ich wusste, dass sie recht hat. Ich schüttele die Erinnerung ab.

»Der Junge heute. Er hat das Stipendium wirklich verdient«, wechselt Noah taktvoll das Thema. »Er ist überdurchschnittlich intelligent. Er wird ein guter Arzt werden. Sie haben den Richtigen ausgewählt.«

»Das hoffe ich.« Dankbar sehe ich ihn an. »Es ist nicht leicht, darüber zu entscheiden, wen man unterstützen soll. Wenn es nach mir ginge, ließe ich jeden studieren, unabhängig davon, ob er es sich leisten kann oder nicht.« Ich reibe über meine nackten Arme. In dem Flur ist es kühl. Noah holt sein Jackett und legt es mir über die Schultern. Der Duft seines Aftershaves umfängt mich.

»Sie können nicht jedem helfen«, sagt er leise.

Aber das ist es, was ich will. Ich habe eine Stiftung gegründet, in der mein ganzes Vermögen steckt. Alles, was ich verdiene, stelle ich zur Verfügung, um damit Stipendien für begabte junge Menschen zu finanzieren. Ich möchte nicht, dass jemand tun muss, wozu Finian sich gezwungen sah. Ich weiß, dass das, was ich tue, nur ein Tropfen auf den heißen Stein ist, aber ich konnte nicht nichts tun. Blue, Mom und ich brauchen nicht viel. Wir leben in Grannys Haus in Oak Hill und wir sind sehr glücklich dort. Mom unterstützt mich bei all meinen Projekten und natürlich mit Blue. Wenn ich sie heute sehe, wie sie in Grannys geblümten Schürzen und mit knallrotem Haar Blaubeermarmelade einkocht, frage ich mich manchmal, wohin die Frau meiner Kindheit verschwunden ist, der nur Klamotten und Schminke wichtig waren. Finians Mom und Niamh kommen uns regelmäßig besuchen. Niamh ist ganz vernarrt in ihren kleinen Neffen. Sie studiert Medizin. Sie hat mir gesagt, dass sie das Finian schuldig ist. Ich konnte es ihr nicht ausreden und hoffe, dass das auch der richtige Weg für sie ist. Finian wäre so stolz auf sie, wenn er sehen würde, was aus seiner kleinen Schwester geworden ist.

Sein Vater ist ein halbes Jahr nach ihm gestorben. Jetzt liegen sie beide nebeneinander auf dem Friedhof in Philadelphia. Ich stelle mir gern vor, dass sie, wo immer sie sind, gemeinsam *Black Jack* spielen und *Eine schrecklich nette Familie* schauen. Im Gegensatz zu seiner Mutter besuche ich das Grab nie. Ich kann es nicht. In Grannys Haus fühle ich mich ihm so nah wie sonst nirgends. Er steht nachts neben mir, wenn ich an Blues Bett sitze und nicht schlafen kann. Er hört mir zu, wenn ich im Garten zwischen den Blaubeersträuchern auf meiner Violine spiele. An die Decke von Blues Zimmer habe ich Sternbilder gemalt und abends vor dem Zubettgehen erzähle ich unserem Sohn die Geschichten dazu. Am Kühlschrank hängt die Bleistiftzeichnung von dem Haus mit den Feen, die Finian mir vor so viel Jahren gezeichnet hat. Auf dem Nachttisch liegt der gelbe Post-itit mit seiner Liebeserklärung, auch wenn die Worte darauf längst verblasst sind. Das ist es, was ich von ihm in Erinnerung behalten will. Den Anblick seines Grabsteines könnte ich nicht ertragen.

Von meinem Vater habe ich seit sieben Jahren nichts mehr gehört. Nicht, nachdem ich eine großzügige Abfindungsvereinbarung unterschrieben habe. Es war mir egal, dass er so viel Geld verlangt hat. Ich wollte ihn einfach nur aus meinem Leben haben. Dafür hätte ich fast jeden Preis bezahlt. Ich habe Mom nie gefragt, wer mein leiblicher Vater ist. Ich schüttele den Gedanken ab.

»Blue!«, rufe ich meinen Sohn, der fasziniert die kleine Lokomotive beobachtet, die jetzt ihre Bahnen zieht. »Es ist spät, wir müssen los.«

Nur mühsam reißt er sich los und kommt zu Noah und mir. »Danke schön«, bedankt er sich artig. »Diesmal war es gar nicht so stinklangweilig wie sonst immer.«

Noah wuschelt durch sein Haar. »Das fand ich auch, Kumpel. Das Essen ist ja ganz okay, aber der Rest …«, flüstert er ihm so laut ins Ohr, dass auch ich es höre und grinsen muss. Dann sieht er mich an. »Es war nett, Sie kennenzulernen.« Die Hände vergräbt er in seinen Hosentaschen. Aber seine grünen Augen funkeln mich an.

»Gleichfalls«, erwidere ich und wende mich ab, um mit Blue zurückzugehen.

»Rayne!«, ruft er mir hinterher und dass er mich so vertraulich anspricht, fühlt sich irgendwie richtig an. Ich drehe mich um.

»Ich würde Sie gern mal zum Essen einladen. Sie beide«, setzt er mit einem Blick auf Blue hinzu. »Wir können auch zu McDonald‘s gehen, wenn es sein muss.« Seine Mundwinkel zucken, als Blue in die Hände klatscht. Meinen Sohn hat er an der Angel.

»Ist das eine Einladung zu einem Date?«, frage ich verunsichert. Ich bin noch nie mit einem Mann ausgegangen. Seit Finian habe ich nicht mal mehr einen Mann angeschaut. Ich bin immer zu beschäftigt - mit der Stiftung, den Konzerten und mit Blue natürlich. Bisher dachte ich jedenfalls, dass es daran liegt. Aber vielleicht nimmt Finian einfach noch einen zu großen Platz in meinem Herzen ein.

Das Adler-Tattoo auf meinem Rücken erinnert mich täglich an ihn und manchmal, wenn meine Sehnsucht übermächtig wird, färbe ich die Spitzen meiner Haare lila, lackiere meine Fußnägel bunt und esse Unmengen Blaubeermarmelade bis mir schlecht wird. Jetzt frage ich mich, was Finian davon halten würde. Er hat mir beigebracht zu leben, aber ich vergrabe mich in meinen Erinnerungen.

Noah lächelt mich aufmunternd an, sagt aber nichts. Er lässt mir Zeit, eine Entscheidung zu treffen. Vielleicht weiß er auch, warum ich nicht Ja sage. Nicht Ja sagen kann. Ich habe Finian versprochen, ihn zu suchen, in eintausend Welten und zehntausend Leben. Dieses Versprechen hat sich in mein Herz gebrannt.

»Es ist nur ein Essen«, sagt Noah eindringlich. Das Licht über uns flackert, geht aus und wieder an. Vielleicht ist das ein Zeichen. Cassie glaubt an solchen Quatsch.

Blue zieht an meiner Hand. »Bitte, Mom. Es ist ein Wunsch aus meinem Wunschglas. Ich habe ihn erst gestern reingeworfen, weil Ben mir jeden Tag erklärt, wie lecker die Burger da sind.«

Langsam nicke ich, und das Lächeln auf Noahs Gesicht vertieft sich.

Mir wird plötzlich klar, dass ich eine - und zwar die wichtigste - Lektion, die Finian versucht hat mir beizubringen, immer noch nicht gelernt habe - und das ist im Moment zu leben. Das Leben zu packen und alles aus ihm herauszuschütteln, was es zu geben hat. Risiken einzugehen und zu scheitern und trotzdem wieder aufzustehen. Ich habe nach ihm nicht wieder geliebt, um nicht wieder verletzt zu werden. Aber damit beraube ich mich der Möglichkeit, das Wunder, das ich mit ihm erlebt habe, noch einmal zu erfahren.

Ich verrate ihn nicht, wenn ich mich noch einmal verliebe. Im Gegenteil, das ist es, was er von mir erwartet hätte, weil er dieses Leben nicht mit mir teilen kann. Das ist es, was ich unserem Sohn beibringen sollte. Dinge zu wagen und sich auszuprobieren und nicht zu warten, bis das Leben zu ihm kommt, sondern hinauszugehen und es sich zu holen. Vielleicht ist genau jetzt der richtige Augenblick dafür.

»Wir würden uns sehr freuen, Sie wiederzusehen.«

Finian hat mich verändert. Er ist in mein Leben getreten und hat es viel zu schnell wieder verlassen, danach war nichts mehr wie vorher. Ich werde ihn niemals vergessen, er wird immer ein Teil von mir sein und ich werde mein Versprechen nicht brechen. Aber jetzt ist es an der Zeit, einen Neuanfang zu wagen. Vielleicht finde ich nie wieder einen Menschen, der mein Herz so berührt, wie er es getan hat. Aber wenn ich es nicht wenigstens versuche, wird da immer die Frage bleiben, ob Unmögliches manchmal nicht doch möglich wird.

Der Tod ist nicht das Ende,
sondern nur der Beginn der Ewigkeit.

Nachwort

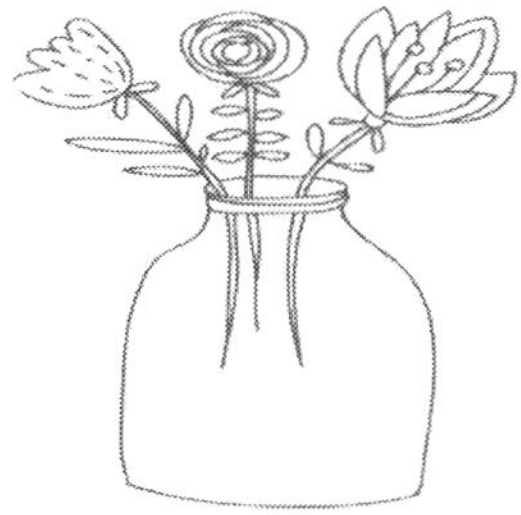

Ich weiß, dass ich Euch mit dieser Geschichte arg strapaziert habe. Jedenfalls mit dem Schluss. Aber ich hoffe natürlich, dass alles davor Euch mit dem Ende versöhnt. Leider gibt es im Leben nicht immer ein Happy End und genau so eine Geschichte wollte ich einmal schreiben. Denn eigentlich hat Rayne zum Schluss (und ihr Leben liegt ja im Grunde noch vor ihr), ganz viel gefunden, was ihr Leben reicher macht. Sie hat ihren kleinen Sohn Blue, sie lebt das Leben, das sie sich erträumt hat und sie hat sich mit ihrer Mutter versöhnt. Ganz viele wichtige Dinge, die ihr Leben reich machen, auch wenn sie es nicht mehr mit Finian teilen kann. Und dann ist da immer noch die Hoffnung auf das nächste Leben oder eine andere Liebe. Rayne wird Finian immer in ihrem Herzen tragen, da bin ich sicher.

Wenn Ihr mir also nicht allzu böse für das Ende seid, dann habt Ihr vielleicht Lust eine Rezension zu schreiben. Schön wäre es, wenn Ihr nicht alles verratet. Ich selbst muss für traurige Bücher auch ein bisschen Stimmung sein und dieses Buch ist ja nicht nur traurig. Leider habe ich in der Vergangenheit festgestellt, dass nicht mehr besonders viele LeserInnen Lust haben, ihre Meinung zu teilen und darum freue ich mich über jede einzelne Rezension. Also gebt Euch einen Ruck ☺. Wenn Euch die Geschichte gefallen hat, dann freut es Euch vielleicht zu hören, dass es im nächsten Jahr eine ähnliche Geschichte mit dem Titel »Fanny Blanche Cateau« geben wird, die dann in Frankreich spielt und hoffentlich nicht ganz so traurig ist.

Wenn Ihr über meine Veröffentlichungen auf dem Laufenden bleiben möchtet, dann dürft ihr mir gern über mein zweites Pseudonym folgen.

Pinterest: Marah Woolf - Pinwand zu Finian Blue Summers
Spotify: Playlist Finian Blue Summers

Facebook: Marah Woolf
Instagram: marah_woolf
Blog: www.marahwoolf.com
Mail: marah.woolf@googlemail.com
WhatsApp-Feed: 0162/1011176 mit dem Vermerk News
Ich freue mich über Feeback, Post oder Kommentare jeder Art.

Liebe Grüße

Emma C. Moore

Rezept Grannys Blaubeermarmelade

500 g Blaubeeren

zwei fingerlange Zweige Rosmarin

2 EL Zitronensaft

1 TL Zitronensäure

300 g Gelierzucker

Die Heidelbeeren waschen und gut abtropfen lassen. Mit dem Gelierzucker in einem hohen Topf mischen. Rosmarin und Zitronensaft und -säure zufügen und aufkochen. Mindestens 3 Minuten unter Rühren sprudelnd kochen lassen. Rosmarinzweige rausfischen. Die Marmelade sofort in Twist-Off-Gläser füllen, fest verschließen und auf den Deckel stellen.

PS: Man kann es auch mit 2 EL Thymianblättchen probieren.

Weiteres von Emma C. Moore

Zum Anbeißen süß
Zum Vernaschen zu schade
Cookies, Kekse, Katastrophen
Himbeeren zum Tee
Erdbeeren im Schnee
Lebkuchen zu Frühstück
Zimt, Zoff und Zuckerstangen